# はじめて学ぶ
# 保育原理

新版

吉見昌弘・斎藤 裕 編著
Masahiro Yoshimi & Yutaka Saito

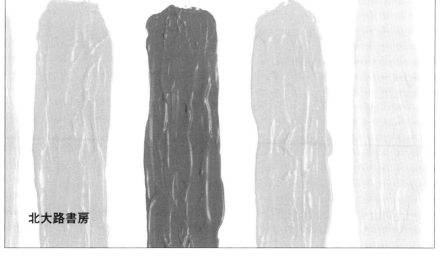

北大路書房

# はしがき

　本書は，はじめて保育を学ぶ人たちに向けた入門書です。保育を学ぶ多くの人たちは，「子どもと遊ぶことが好き」「子どもの成長を見守りたい」「子どもや保護者の役に立ちたい」などが出発点ではないでしょうか。この保育原理は，そんな出発点に立つ人へ向けたメッセージです。さらに，最近，保育現場の保育者不足から，保育士試験を受験して保育士の資格を取得することに関心が高まっています。その人たちにも，保育原理を単なる試験科目としてではなく，広く保育を学ぶ導入の書として手にとって欲しいという願いもあります。また，コラムには，保育士試験のこと，保育職への就職について，そして編者が保育で感じているちょっとした思いが書かれています。

　本書の各章の流れですが，最初に，第1章では保育とは何か，何のために保育を学ぶのか考えたうえで，自分が将来関わっていく保育の現状はどうなのかということを幅広く学びます。第2章では古くて新しい話題である，幼稚園と保育所を一つにしようとする幼保一元化の問題について，保育所と幼稚園の関係を含めて説明されており，新しい保育施設である認定こども園が紹介されています。そして，第3章では，保育の基本である保育内容が示された保育所保育指針や幼稚園教育要領について，養護と教育の一体となっていることや，小学校教育とは異なるねらいと内容，領域などの用語について学んでいきます。第4章では，保育の対象である子どもたちがどのような発達をしていくのかを学ぶことで，保育を実践するために必要な知識を身につけていきます。

　さらに，第5章では，少し難しいですが，保育では何を目標とするのか，そしてそのためにはどのような計画や記録を書いたらよいのかについて学びます。保育者が高い専門性をもつために大切な部分です。そして，第6章では，実際の保育場面で，保育者と子どもたちがどのような状態で保育を実践するのかといった保育形態の種類とその特徴を理解してもらいます。第7章では，近年，社会的な課題となっている子育て支援について，その背景や制度，実際の取り組みについて理解していきます。第8章では，保育とはどのような歴史をもっているのか，過去の諸外国や日本における思想や歴史を原点に立ち返りながら，

現在に至る道筋を理解していきます。そして，最後の第 9 章では，さらに視野を広げて，日本における外国人児童の保育の現状や，諸外国での保育のあり方を学ぶことで，日本の保育を見つめ直すことを考えていきます。

　なお，各章の最初に「この章で学ぶポイント」として，3 つ程度のポイントを挙げることで，ここでは何を学んで欲しいのかといった，執筆者の願いを示しています。そして，各章の最後には，「この章の小課題」として，3 つ程度の課題を取り上げています。授業で学んだ後に自分で考えてみたり，一度文章にしてミニレポートのように書いてみてもよいと思います。

　本書をとおして保育について学び，理解を深めていくことで，はじめて保育を学ぶ人たちが少しでも保育とは何か理解してもらえることを願っています。


　ところで，現在，少子化，核家族化，都市化や経済の不安定な状態が続いています。それに伴い，子どもを取り巻く環境も大きく変化してきています。子育て中の親においては，子育てが孤立化したり，子育てに不安を感じたり，育児に自信がもてないなど，家庭における教育力の低下も心配されています。さらにその影響を受け，子どもの育ちにおいては，基本的な生活習慣が身に付いていない，他者とのかかわりが苦手である，運動能力が低下している，学ぶ意欲が低下している，などの声も聞かれています。

　そうした時代の変化にあわせて保育の世界も大きく変化しています。保育所における延長保育や乳児保育などは，ほとんどの園で実施されており，また病気のお子さんを預かる保育や，保育所の近くに住む親子のための子育て支援も増えつつあります。そうした中で，就学前の教育・保育を一体とする「認定こども園」が 2006（平成 18）年 10 月に制度化され，2012（平成 24）年には子ども・子育て支援新制度が成立し，保育制度が大幅に変更されています。

　さらに，2017（平成 29）年には時代の変化や子どもたちの状況，社会の要請等を踏まえて学習指導要領が改訂されています。今回の改訂では，自らの能力を引き出し，課題解決に生かしていくことや情報化の進展に合わせつつ，体験を重視して豊かな心や人間性を育んでいく観点などが盛り込まれ，幼稚園教育要領の改訂にもつながっています。またそれに合わせて，乳児保育や子育て支援のさらなる充実から保育所保育指針が同時期に改訂されています。

　本書は 2017 年に発行した『はじめて学ぶ保育原理』のリニューアル版です。前著の発刊は，さまざまな法令や保育所保育指針・幼稚園教育要領の新旧の境界の時期でもありました。そのため，今回，新しい制度に合わせて本書を改訂しました。今後も，新しい制度に合わせて内容を改訂していくことをご理解いただいたうえで，本書をご覧いただければ幸いです。

2021 年 3 月　編者　吉見昌弘・斎藤裕

# 目　次

# 第1章　保育とは

◆この章で学ぶポイント◆

1．保育とは何か，保育が必要とされる理由を問い直してみよう。
2．現在の子どもたちの様子について考えてみよう。
3．保育の場として保育所や家庭的保育の特徴を理解しよう。

## 第1節　保育とは何か

### 1．保育とは何か，保育の意義

　保育とは何かについて，関連した「育児」「教育」「養育」などの言葉を参考にしながら考えてみよう。保育とは，通常，保育所や幼稚園などにおいて保育者によって乳幼児を対象として養護し，教育することをさしている。一方，育児とは，家庭における母親などの保護者による子育てを意味し，家庭で我が子を保護し，世話をしていく一連の営みをさしている。

　現在の日本においては，少子化，核家族化が進み，家族同士の絆が薄れ，地域の連帯性も希薄化する中で，子育てを親や地域から継承していくことが困難になっている。そうした社会情勢の中，国や地方自治体が保護者とともに，子どもたちを育成する責任を負っている。その際，保育所や幼稚園などにおいて保育者などの第三者が関わりつつ，家庭の育児を補うこと。そして，集団の中で生活習慣を身につけ，保育者が関わりながら社会的・人間関係的な側面の発

達を助長することで，子どもの健やかな心身の発達を促し，加えて，家庭との連携を含めた子育て中の親への支援をしていくといった多様な役割を担うことが今日の保育の意義であろう。

## 2．教育と保育

　教育とは文字通り，「教え育てること」であり，人間を環境に適応しやすいように知識や技能を身につけ，人間性を養うことができるように意図的，計画的に働きかけることである。幼児に対して，幼児教育という言葉を用いることもあるが，通常は小学校以降の学習をイメージすることが多く，保育と微妙に異なる意味合いをもっている。

　保育と教育の違いについて問われることがよくある。保育については，保育所保育指針「第2章 保育の内容」において「保育における「養護」とは，子どもの生命の保持および情緒の安定を図るために保育士等が行う援助や関わりであり，「教育」とは，子どもが健やかに成長し，その活動がより豊かに展開されるための発達の援助である。本章では，保育士等が，「ねらい」および「内容」を具体的に把握するため，主に教育に関わる側面からの視点を示しているが，実際の保育においては，養護と教育が一体となって展開されることに留意する必要がある。」とある。保育においては，養護と教育は一体となっており，切り離せないものである。一方，「教育」とは，「発達の援助」であり，「健康」，「人間関係」，「環境」，「言葉」および「表現」の5領域から構成される。

　保育を学ぶ際，保育は理論と実践に基づく学問であり，どちらも大切であることを忘れてはならない。たとえば，保育者養成校で学ぶ項目の中には，家庭での育児に相当する内容，乳児のオムツ替えや授乳，沐浴なども含まれている。これらは本来，家庭で親から子へと伝承していくことかもしれない。

　しかし，あえて保育者を目指す学生が大学，短大，専門学校などで体系的に学び，科学的に理解することで「なぜこの行為をするのか」といった問いかけに自分なりの回答を見出しながら自信をもって保育を実践することができるようになることが大切であり，そこに保育を学ぶことの意義があるといえよう。

　保育を学ぶ者は，長年の研究，実践の所産である普遍の保育の原理，原則を踏まえながら，時代の変化に敏感に反応し，常に新しい保育理論と実践を求め

ていく高度で柔軟な専門性を備えもつことで，子どもの無限の可能性を引き出す努力をしていくことが保育者の使命であり，役割であろう。

## 3．保育原理を学ぶ意義

「保育原理」の科目は，厚生労働省による「指定保育士養成施設の指定及び運営の基準について」において保育士養成施設が授業の参考に教授内容として次の事項を示している。

---

〈教科目名〉保育原理（講義・2単位）
〈目標〉
1．保育の意義および目的について理解する。
2．保育に関する法令および制度を理解する。
3．保育所保育指針における保育の基本について理解する。
4．保育の思想と歴史的変遷について理解する。
5．保育の現状と課題について理解する。
〈内容〉
1．保育の意義および目的
2．保育に関する法令および制度
3．保育所保育指針における保育の基本
4．保育の思想と歴史的変遷
5．保育の現状と課題

---

「保育原理」で学ぶことは，保育とは何か，現在の保育の現状とは，といった問いかけの他に，日本の保育の基本である保育所保育指針を通して，その目標や方法，そして子どもの発達過程や保護者への支援について理解していくことである。さらには，今日の保育が諸外国や日本において，どのような歴史的な流れの中で成立していったのかについて探求することで現在の保育のあり方を再確認していく。そして，諸外国の保育の現状に触れることで日本の保育を見つめ直している。「保育原理」は保育を学ぶ上での基本であり，原理である。保育原理を通して，子どもに関する「なぜ」といった問いかけに答えられるようになるとともに，保育を学ぶ人にとっては，最初の入門編としての意味をもっている。ここで学ぶことはやがて，別の授業でもさらに詳しく紹介されることもあろう。保育原理での出会いや学びを通して，さらに保育に興味をもち，理解を深めるきっかけになって欲しい。

## 4．保育士の必要性について

　日本における子どもの数は多少の増減はあれ，年々減少の傾向にある。総務省の統計調査（総務省統計局，2020）では，日本の子ども（0〜14歳）の数は2020（令和2）年4月1日時点で1512万人であり，1982（昭和57）年から39年連続の減少となり，統計記録のある中では，過去最低を示している。その一方で，保育所などでは，常に保育補助や臨時の職員を募集するなど，保育士の需要はますます高まっている。なぜ，保育士が必要とされており，また保育士の資格とはどのようなものであろうか。

　近年，幼稚園の在園者数は年々減少傾向にある一方，保育所の在所児数は増加の傾向にある。その理由は，働く母親の増加と幼稚園と保育所の対象年齢の違いにある。幼稚園に就園する子どもたちは，3〜6歳の子どもを対象としており，保育所は0〜6歳までの子どもを対象としている。従来，保育所における0，1，2歳児の子どもが全体に占める割合は少なかったのであるが，パートタイムなどで働く母親の増加によって，0，1，2歳児が保育所に入る割合が増加し（特に0歳児），その結果，3歳以上児の減少を補い，全体として保育所の在所児数の増加に至っているのである。さらに，幼稚園における職員の配置は園児35人に教員1人なのに対して，保育所は，乳児3人に保育士1人，1〜3歳未満6人に1人と子どもの数に対する職員の割合が多くなっている。

　このように，働く母親の増加によって，0〜3歳未満児が保育所に入所する数が増加したことに加えて，地域における子育て中の親への支援というニーズが新たに加わったことにより，保育士の必要性が高まっているのである。

## 5．保育士の資格について

　保育士の資格といえば，すぐに保育所の保育士を想像する者が多いであろう。しかし，保育士の資格は児童福祉分野における資格の1つであり，保育所保育士はその中の一資格でしかない。児童福祉施設に関連する資格としては，児童指導員（児童養護施設等），児童自立支援専門員や児童生活支援員（児童自立支援施設），児童の遊びを指導する者（児童館の児童厚生員），母子支援員（母子生活支援施設）などがある。これらは任用資格と呼ばれ，その職に就くために国が定めた基準となる資格である。保育所の保育士は国家資格であるが，児

童福祉施設の中で最も多くの割合を占めている。

　保育士の資格が担う職種については，通常，保育所で働く保育士と他の児童福祉施設で働く保育士の 2 つに分けられている。保育所保育士は一般にいう保育者と同義の意味をもち，施設保育士は，先の児童福祉施設に関連する各種の任用資格が該当する。保育士は，保育所の保育者のみでなく，さまざまな児童福祉施設の職員に適用される児童福祉に関連する資格の 1 つであること。そのため，保育士の専門性は，保育を中心として，養護や福祉そして，教育の分野まで幅広く学ぶ必要性があることを忘れてはならない。

　保育士資格については，児童福祉法が制定された 1947（昭和 22）年から 1年後の 1948 年に，保母の定義と資格が明記され，任用資格としてスタートした。その後 1977（昭和 52）年には，女子のみから男子にも準用して資格が認められ，その後 1999（平成 11）年には，保母（保父）の名称が「保育士」に統一された。さらには，2001（平成 13）年に名称独占資格として法定化（国家資格化）され現在に至っている。

　保育士の資格を持つ者は，児童福祉法において「第 18 条の 4　この法律で，保育士とは，第 18 条の 18 第 1 項の登録を受け，保育士の名称を用いて，専門的知識及び技術をもつて，児童の保育及び児童の保護者に対する保育に関する指導を行うことを業とする者をいう」とあるような条件が求められている。この資格を取得するためには，①保育士を養成する学校・施設を卒業する，②保育士試験に合格する，のどちらかが必要とされ，この仕組みの原則は，発足当初から現在に至るまで変更されていない。

　さらに現在の児童福祉法においては，「第 18 条の 18　保育士となる資格を有する者が保育士となるには，保育士登録簿に，氏名，生年月日その他厚生労働省令で定める事項の登録を受けなければならない」と都道府県に登録する義務を負い，さらに「第 18 条の 21　保育士は，保育士の信用を傷つけるような行為をしてはならない」（信用失墜行為の禁止），「第 18 条の 22　保育士は，正当な理由がなく，その業務に関して知り得た人の秘密を漏らしてはならない」（個人情報の守秘義務），「第 18 条の 23　保育士でない者は，保育士又はこれに紛らわしい名称を使用してはならない」（名称独占）といった法的条件が整備されている。さらに，保育士が虚偽や不正を行った場合には，都道府県知事が登録

を取り消したり，保育士の名称使用の停止を命じたり，懲役や罰金に処することができるようになった。

　こうした法整備によって，保育士の資格や役割が社会的に認められると同時にその役割や責務もますます重要なものとなっている。

## 第2節　児童の最善の利益を考慮した保育

### 1．日本における子どもの権利とは

　保育において，子どもの権利は重要な関わりをもっている。ここでは，子どもの権利とは何か。そしてそれは保育内容においてどのような関わりをもつのか学んでいこう。

　子どもの権利については，日本においては，日本国憲法や児童福祉法，児童憲章などによって保障されてきた。たとえば，1946（昭和21）年に成立した日本国憲法「第11条　基本的人権」では，子どもを含むすべての人権が保障されている。さらに，1947（昭和22）年に成立した児童福祉法においては2016（平成28）年に改正され，児童福祉の理念として「第1条　全て児童は，児童の権利に関する条約の精神にのつとり，適切に養育されること，その生活を保障されること，愛され，保護されること，その心身の健やかな成長および発達並びにその自立が図られることその他の福祉を等しく保障される権利を有する。」と規定されている。この児童福祉法の特徴として，以下のことがあげられる。

　　①子どもについて記された法的規範である
　　②特定の児童ではなく，すべての児童の福祉を対象としている
　　③守るべき存在として子どもの権利を保障する

　さらに児童福祉法よりも幅広く子どもの権利をうたうものとして1951（昭和26）年に児童憲章が作成された。この前文において「児童は，人として尊ばれる。児童は，社会の一員として重んぜられる。児童は，よい環境のなかで育てられる」と記されている。この児童憲章の特徴として，以下のことがあげられる。

　　①法的な拘束力はなく道徳的規範である
　　②児童福祉法よりも幅の広い児童観・福祉の理念をうたう

　③子どもの基本的人権が保障されている

　このように3つの法律・規範においては，子どもの基本的な人権を保障し，そのために大人が守るべき事項が示されている。しかし，これらは子どもを受動的存在としての権利の保障をするにとどまっていた。

## 2．児童の権利に関する条約

　一方，世界における子どもの権利に関する流れに目を向けると，1948（昭和23）年国際連合における児童権利宣言を経て，1989（平成元）年国際連合において「児童の権利に関する条約（子どもの権利条約）」が国連総会によって採択されている。日本は国内の法整備のために少し遅れて1994（平成6）年に批准しているが，この特徴として，以下のことがあげられる。

　　①子どもの権利を保障する国際的な基準である（法的な拘束力をもつ）

　　②子どもを権利行使の主体としている

　この条約ができるまでは，子どもは大人によって保護され，守らなければならない存在とみなされてきた。しかし，「第12条の意見表明権　児童が……自由に自己の意見を表明する権利を確保する」と記されているように，子どもを権利の受け手ではなく，子どもが権利を行使する主体とみなしている点が新しい子ども観であるといえよう。

　このように子どもの権利を受動的権利から能動的権利へとみなす動きは，1997（平成9）年の児童福祉法改正にも影響を与え，さらには1999（平成11）年の保育所保育指針の改定にも新たに子どもの人権に関する事項が盛り込まれることになったのである。

## 3．子どもの権利と保育との関わり

　2017（平成29）年に改定された保育所保育指針において子どもの権利がどのように扱われているのであろうか。「第1章　総則」において保育所の役割を「保育所は，……保育を必要とする子どもの保育を行い，その健全な心身の発達を図ることを目的とする児童福祉施設であり，入所する子どもの最善の利益を考慮し，その福祉を積極的に増進することに最もふさわしい生活の場でなければならない」と示している。この「子どもの最善の利益」とは子どもの権利

条約の第3条にも記されており，子どもの権利を象徴する言葉として国際社会等でも広く浸透している。つまり，この言葉は保育所で保育を行う上での基本理念であり，保護者を含む大人の利益よりも，子どもの人権を尊重することの重要性を表している。この言葉は，さらに「第5章　職員の資質向上　（1）子どもの最善の利益を考慮し，人権に配慮した保育を行うためには，職員一人一人の倫理観，人間性並びに保育所職員としての職務及び責任の理解と自覚が基盤となる」などにも盛り込まれている。

　さらに「第1章　総則　1　保育所保育に関する基本原則　（2）保育の目標　ア（ウ）人との関わりの中で，人に対する愛情と信頼感，そして人権を大切にする心を育てるとともに，自主，自立及び協調の態度を養い，道徳性の芽生えを培うこと」「第1章　1　（5）保育所の社会的責任　ア　保育所は，子どもの人権に十分配慮するとともに，子ども一人一人の人格を尊重して保育を行わなければならない」とある。ここで「人権」という言葉が使われているように子どもの人権への配慮が重要であることが理解されよう。その他にも「一人一人」という個の尊重や領域「人間関係」における項目や性差や個人差に対する配慮や児童虐待への対応なども子どもの権利と深い関わりがある。

　保育の理念として子どもの人権を，身近なものとして保育者自身が理解し，わかりやすく（たとえば「子どもの権利カルタ」などを通して）子どもに伝えていくことは，子どもの権利を保障する保育者としての重要な役割であるといえよう。

## 第3節　日本の保育の現状

### 1．子どもの生活習慣の乱れ

　近年，家庭における子どもたちの生活リズムの乱れや食生活などの生活習慣が問題になっている。生活リズムおいては，深夜まで夜更かしして朝の登園ぎりぎりまで寝ているといった「遅く寝て遅く起きる」といった夜更かし朝寝坊の子どもや入眠や起床の時間時間が不規則の子どもなどがみられる。

　また，食生活では，朝食を抜きにするか，食パン一切れなどの朝食で済ませて保育所や学校へ行ったり，夕食を家族みんなで食べずに，子ども一人で食べ

る，いわゆる孤食などの傾向がみられるという。このような子どもの生活習慣の乱れが，子どもの学習意欲，体力を低下させたりしていると指摘する声（子どもの生活リズム向上指導資料編成委員会，2008）もみられる。

夜型の生活リズムは親など大人の影響も強いと考えられるが，子どもたちの成長にとって好ましい生活習慣を身につけるよう家庭と連携していくことが保育所や幼稚園でも必要になってきている。

そうした子どもの生活リズムを改善する試みが全国で行われている。たとえば，文部科学省では，2006（平成18）年度から新たに子どもの望ましい基本的生活習慣を育成するために「子どもの生活リズム向上プロジェクト」として，「早寝早起き朝ごはん」運動を展開し，全国的な普及啓発活動を実施している。その具体的な改善策として，以下の項目をあげている。

　　①カーテンを開けて朝の光を浴びましょう
　　②朝ごはんを食べましょう
　　③夕食時間を早くしましょう
　　④おふろを夕食の前にしてみましょう
　　⑤寝る時間になったらテレビを消しましょう
　　⑥寝るときは電気を消しましょう
　　⑦入眠儀式を見つけましょう
　　⑧昼間できるだけ体を動かしましょう

親の生活時間から子どもの生活時間にそった生活リズムを守ることが，大人自身にとっても快適な生活を送るきっかけになるのではないだろうか。

## 2．子どもの遊びの変化

また，子どもの遊びにも変化がみられる。「子どもの遊びに関する調査」（神奈川県教育委員会，2004）では，小学2年生が最近，よく遊んでいる遊びの第1位はテレビゲームとなる一方，保護者が子どもの頃よく遊んでいた遊びの第1位はゴムとびとなるなど，外遊びから室内遊びへと変化し，また子どもたちが外で群れて遊ぶ姿もめっきり少なくなっているのが現状である。

子どもが自由で安全に遊べる場がないことも問題である。「未就学児生活実態調査報告書」（富山県教育委員会，2004）では，子どもたちの主な遊び場は，

「自分の家」にしている子どもが9割に対して，「公園や広場」は3割と屋外よりも屋内での遊びが多い。その原因としては，「公園そのものが少ない」「公園や広場が汚れている」との声がある他，「不審者に危険を感じる」という親の声も聞かれる。それにともない，家庭でのテレビやビデオの視聴時間も，平日は2時間以上視聴している幼児は約4割近くいるなど増加の傾向にある。平日は自宅にこもって，長時間，テレビやビデオをみている子どもの姿が想像される。別の調査でもトンボやチョウチョをつかまえたり，魚釣りや貝拾いなどの自然体験の活動も大幅に減少しているとの指摘もある。

　子どもたちの遊びをどうすれば豊かにすることができるのかといった課題について，日頃の家庭での過ごし方や余暇の活用，そして保育所や幼稚園での保育内容のあり方が問われている。

## 3．家庭や地域社会の現状

　日本の社会で子育てについて強く意識されるようになったのは，少子化が指摘されてきた1989（平成元）年の合計特殊出生率（1人の女性が生涯に産む子どもの数）が「丙午（ひのえうま）」にあたる1966（昭和41）年における過去最低よりも低い1.57となったことが翌年に発表されたいわゆる「1.57ショック」以降である。その後，子育てに関連して，家族や地域における少子化，核家族化，都市化，過疎化，情報化といった問題点が指摘されて久しい。

　家族においては，核家族化，都市化などの影響によって，家庭の役割が少しずつ変化してきている。たとえば，核家族化の進行は，家庭で祖父母に頼ることが難しくなり，家事や育児の負担を母親が一方的に担う傾向が強くなっている。また洗濯や掃除，食事などが電化製品や外食産業などによって家事が外部化され，便利で簡易になる一方，子どもがお手伝いをする経験や家族で団らんする機会も少なくなっている。

　地域社会においては，都市化や過疎化の影響で，都市部においては近隣の絆が薄れ，近所で子育てを助け合ったり，悩みを相談することもできなくなっている。また，マンションなどではどのような住民が住んでいるのかもよくわからず，不審者が出没したり，地域のお祭りや催しに参加する機会も減り，地元への愛着も弱くなっているのが現状である。さらに農村部の過疎化では，高齢

化が進む中で，子育て世代の若者が減り，子育て家族同士の交流が難しかったり，ショッピングセンターや公共施設などへのアクセスにも不便を感じるなどの問題も起こっている。

　家族や地域社会の問題以外にも，格差社会と呼ばれるなど，社会構造にも問題がみられる。景気が回復する中で富裕層が生まれる一方，企業の利益優先主義のために安い賃金で働く非正規雇用者が増えたり，経済的に苦しい中で共働き家庭が増加し，貧困の問題が子どもの育ちにも影を落としている。

## 第4節　子育て支援と保育制度改革

### 1．育児不安と子育て支援

　少子化，核家族化，都市化や経済の不安定な状態は，子育て環境を悪化させ，その結果，子育て中の親においては，子育てが孤立化したり，子育てに不安を感じたり，育児に自信がもてないなどの育児不安が生じている。2003（平成15）年版厚生労働白書によれば，母親の意識調査を比較すると，子どもといると「イライラすることが多い」と答える母親は1981（昭和56）年は約1割であったのが2000（平成12）年では3割を越えている。さらに子育ての不安・悩みの理由は母親では「仕事や自分のことが十分にできない」が最も多く，ついで「子どもとの時間が十分に取れない」「子どもとの接し方に自信がもてない」「子育てで配偶者と意見が合わない」などがあげられている。乳児をもつ母親にとっては，子育てに追われる毎日の中で，一杯のコーヒーをゆっくり飲んだり，一人で入浴を楽しむ時間すら取れない人も多い。厚生労働省の調べでも児童相談所における児童虐待の相談処理件数も平成に入り増加し続けている。子育てのイライラから子どもについ当たってしまう親もいると考えると親の育児不安に対応した子育て支援が求められている。

### 2．情報化社会の中での子育て支援

　最近では，インターネットやSNS（ソーシャル・ネットワーキング・サービス）の普及によって，パソコンや携帯電話でキーワードを使って検索するだけで膨大な育児情報を得ることができるようになった。その反面，情報が氾濫し

すぎてしまい，子育ての意見も賛否両論の中でどれが正しい情報か，自分はどの育児を選択したらよいのか迷ってしまうのが現状である。また，ラインやツイッターなどが普及して顔を合わせなくても友だちを作ったり，簡単にコミュニケーションが取れるようになった反面，文字や画像のやりとりの中で誤解されて人間関係を悪くしたり，間違った情報が発信されたりという問題もみられている。

　子育てや保育には，顔と顔を合わせた直接的な体験でしか得られないことや，直接話すことで安心感をもつといった面もあり，子育て支援には地域で子育て中の親子が集う居場所作りが欠かせないものとなっている。

## 3．保育制度改革

　1990年代から始まったエンゼルプランなどの少子化対策をはじめとして，今日に至るまでさまざまな子育て支援が実施されている。その中でも，幼稚園，保育所を中心とした保育制度改革は，子育て支援の中心となる改革となっている。

　たとえば，少子化対策として始まった保育所における延長保育や乳児保育などの多様な保育事業は，現在はほとんどの園で実施されており，当たり前のこととなっている。また保育所利用者のニーズの高い病（後）児保育も多くの自治体で実施されており，地域に住む親子の居場所作りや相談機関として地域子育て支援センターも市内各所で開設されている。

　そうした中で，新たな社会の変化や保護者のニーズに対応するために2008（平成20）年には，幼稚園教育要領や保育所保育指針が改訂（定）された。さらに，2015（平成27）年に新制度が施行されたことや乳児保育の増加，子育て支援のさらなる必要性が高まるなどして，2017（平成29）年には幼稚園教育要領や保育所保育指針，そして幼保連携型認定こども園教育・保育要領が改訂（定）されている。

　また，戦後何度か議論を重ねてきた幼保一元化も大きな転換期を迎えている。2006（平成18）年には就学前の教育・保育を一体とする「認定こども園」が制度化され，続いて2012（平成24）年「子ども・子育て支援新制度」が成立されるなど，保育制度が大幅に変更されることとなった。この制度は，「子ども・

子育て支援法」「認定こども園法の一部改正」「子ども・子育て支援法及び認定
こども園法の一部改正法の施行に伴う関係法律の整備等に関する法律」の子ど
も・子育て関連3法に基づく制度をさし，主に以下の3点を柱としている。

①認定こども園，幼稚園，保育所を通じた共通の給付（「施設型給付」）及
び小規模保育等への給付（「地域型保育給付」）の創設」

②認定こども園制度の改善（幼保連携型認定こども園の改善等）

③地域の実情に応じた子ども・子育て支援（利用者支援，地域子育て支援
拠点，放課後児童クラブなどの「地域子ども・子育て支援事業」）の充実

この制度では，市町村が実施主体となりながら，各地域で子ども・子育て会議
を設置し，地方の声を聞きつつ，国全体では，内閣府が統括し推進するなどし
ており，2015（平成27）年4月から実施されている。

保育における新たな試みは，時代の変化に対応し，社会のめまぐるしい変化
にともなう諸問題を解決する糸口となろう。しかし，子どもを取り巻く社会の
変化への対応が必要であると同時に，子どもの心身の育ちといった変わらない
ものを大切にすることを忘れてはならない。

## 第5節　保育所と幼稚園，地域の子育て支援

### 1．保育所保育について

保育所とは，社会的にどのような役割を担っているのか。また，どのような
子どもたちが通所しているのかなどを理解しよう。

日本における保育所の始まりは，研究者によって見解が異なるが，一般的に
は1890（明治23）年，新潟県で赤沢鍾美・ナカ（仲，仲子）夫妻によって設置
された新潟静修学校の付設託児所が最初とされている。この託児所は，貧しい
家庭の子どもたちが，幼い弟妹を子守しながら学校に来たために，その子たち
を保育する部屋を設けたことで始まったとされている。

保育所は，児童福祉法 第7条に規定されている多くの児童福祉施設の中の
1つである。また，同法の第39条では「保育所は，保育を必要とする乳児・幼
児を日々保護者の下から通わせて保育を行うことを目的とする施設（利用定員
が20人以上であるものに限り，幼保連携型認定こども園を除く。）とする」と

されている。このように保育所とはなんらかの理由で，保育を必要とする乳幼児を保護者からの要望を受けて，家庭に代わり保育所において一日の一定時間，保育するための施設である。

　それでは，どのような理由で子どもたちは入所してくるのであろうか。保育所入所の条件については従来，児童福祉法施行令　第27条に規定されていたが削除され，代わって「保育の必要性」の事由として，対象を拡大して「子ども・子育て支援法施行規則」第1条の5に規定されたがおよそ下記の条件になる。

---

〈保育所入所の条件〉
1　1月において，48時間から64時間までの範囲内で月を単位に市町村が定める時間以上労働することを常態とすること。
2　妊娠中であるか又は出産後間がないこと。
3　疾病にかかり，若しくは負傷し，又は精神若しくは身体に障害を有していること。
4　同居の親族（長期間入院等をしている親族を含む。）を常時介護又は看護していること。
5　震災，風水害，火災その他の災害の復旧に当たっていること。
6　求職活動（起業の準備を含む。）を継続的に行っていること。
（以下省略）

---

　幼稚園は，原則としてすべての子どもを入園対象とするが，保育所では，上記の理由などを点数化し，市町村が優先順位をつけるなどすることで保護者の子どもが入所することになっている。

　また，保育所では，通常の保育のみではなく，社会の変化や働く親のニーズに合わせて特別な保育も実施している。

---

〈保育所におけるさまざまな保育事業〉
• 延長保育（開所，閉所時間の延長）
• 一時保育・一時預かり（一時的に子どもを預かる）
• 特定保育（1週間につき2，3日の特定した日時に保育を行う）
• 乳児保育促進（乳児を積極的に預かる）
• 障害児保育（障害児の積極的受け入れ）
• 休日保育（日曜，祝日等の保育の実施）
• 病（後）児保育（病気回復期の子どもを預かる）
• 地域子育て支援拠点事業　一般型（地域の子育ての相談，遊び場の提供）

---

　保育所の保育時間は，児童福祉施設の設備及び運営に関する基準　第34条で「保育所における保育時間は，一日につき8時間を原則」としている。実際には，

ほとんどの保育所で延長保育を実施しており，最近では地域の親の実情に合わせて夜間保育（24時間保育）も実施されるようにもなっている。このような保育所のニーズが高まる背景には，貧困の問題や格差社会の問題も抱えていることを充分に理解すべきである。

　さらに，必ずしも「保育時間の延長」＝「子どもの最善の利益」になるとは限らず，親への支援と子どもへの支援のバランスを上手に保つことが保育所の大切な役割である。

## 2．保育所における一日の様子

　保育所は，子どもたちにとって家庭に代わる日々の生活の場であり，子どもたちの年齢や発達に応じた保育がおこなわれている。そのため，一日の保育の流れも家庭生活との連続性の中で，できるだけスムーズに行われるような配慮，環境構成がなされている。

　3歳未満児と3歳以上児では多少違いがあるが，一日の流れを記述するとおよそ「登園→遊び→食事→昼寝→遊び→おやつ→遊び→降園」となる。保育所の一日は，朝の登園によって，親の手から保育者の手へと引き継がれていく。保育所に来た子どもたちは，まず保育者や友だちと遊びを展開していく。保育所は，調理室の設置が義務づけられており，栄養士によってバランスの摂れた給食を食べるよう配慮されている。また，健康管理の面から，食前の手洗い，食後の歯磨きなどが行われる。

　その後は，子どもたちの生活のリズムに合わせて，午睡と呼ばれるお昼寝がなされる（年齢・時期によってない場合もあり）。子どもの睡眠は大人と異なり短い周期であるため，子どもの健全な発育にとって必要なものとなっている。そして起床後に再び，遊び，もしくはおやつなどが行われた後，降園の時間となり，保護者がお迎えに直接，園に来るかもしくは園バスによって再び，保護者の手へと引き継がれていく。3歳未満児においては，養護の部分が，3歳以上児においては，保育（教育）の部分が一日の多くを占めている。

## 3．幼稚園について

　幼稚園と保育所は，幼児期の子どもを対象としながら，その制度や歴史は異

なるものがある。幼稚園は，小学校や中学校と同じように「学校教育法」に基づく「学校」として位置づけられており，文部科学省の所轄である（学校教育法 第 1 条では，「この法律で，学校とは，幼稚園，小学校，中学校，高等学校，中等教育学校，特別支援学校，大学及び高等専門学校とする」1947〔昭和 22〕年公布）とされている。日本における幼稚園の始まりは，1876（明治 9）年の東京女子師範学校（現在，お茶の水女子大学）附属幼稚園といわれ，初代監事（主事・園長）は関信三である。

　幼稚園の目的は，学校教育法 第 22 条において「幼稚園は，義務教育及びその後の教育の基礎を培うものとして，幼児を保育し，幼児の健やかな成長のために適当な環境を与えて，その心身の発達を助長することを目的とする」と定められている。幼稚園の対象者は，満 3 歳から小学校就学の始期に達するまでの幼児であり，年齢制限はあるもののすべての子どもを対象としている。

　ただ，幼稚園の教育日数については，学校教育法施行規則 第 37 条で「幼稚園の毎学年の教育週数は，特別の事情のある場合を除き，39 週を下ってはならない」とされており，夏休みなどの長期の休みがある一方，保育所には特に規定はなくおおむね 300 日程度である。教育時間は，幼稚園教育要領において「幼稚園の 1 日の教育時間は，4 時間を標準とすること。ただし，幼児の心身の発達の程度や季節などに適切に配慮するもの」とある。保育所は，児童福祉施設の設備及び運営に関する基準 第 34 条で「保育所における保育時間は，1 日につき 8 時間を原則とし，その地方における乳幼児の保護者の労働時間その他家庭の状況等を考慮して，保育所の長がこれを定める」とある。幼稚園において通常の教育課程終了後に行われる保育を「預かり保育」と呼んでいる（保育所は延長保育）。幼稚園の職員の配置は，1 学級 35 人以下で教諭 1 人以上と規定されている。一方，保育所は，先の基準「第 33 条 2　保育士の数は，乳児おおむね 3 人につき 1 人以上，満 1 歳以上満 3 歳に満たない幼児おおむね 6 人につき 1 人以上，満 3 歳以上満 4 歳に満たない幼児おおむね 20 人につき 1 人以上，満 4 歳以上の幼児おおむね 30 人につき 1 人以上とする」と細かく定められている。

　幼稚園の施設については，幼稚園設置基準で定められ，保育所は児童福祉施設の設備及び運営に関する基準で定められている。さらに，教育，保育内容に

ついては，幼稚園は幼稚園教育要領の告示で規定され，保育所は保育所保育指針の告示で定められている。

　従来，保育料については，幼稚園は各幼稚園で設置者が保育料を定めるか，2015（平成 27）年 4 月施行の子ども・子育て支援新制度に移行する幼稚園については，従来の保育所のように，階層的に保育料を支払う仕組みであった。

　しかし，2019（令和元）年 10 月 1 日から 3 〜 5 歳児クラスの幼稚園，保育所，認定こども園，地域型保育施設等，国立・公立・私立の区別なく無償化の対象となった。ただし，0 〜 2 歳児，延長保育の保育料，通園送迎費，食材料費，行事費などについては，無償化の対象とはなっていない。保育の無償化によるメリットは大きいものの，実際には，保育者の負担が増えたり等課題も多くみられる。

　さらに幼稚園の設置者は地方公共団体が設置する公立幼稚園と，学校法人等（宗教法人立や個人立）が設置する私立幼稚園がある。保育所の設置者は，地方公共団体の設置する公立保育所と社会福祉法人等が設置する私立保育所がある。地方にある幼稚園・保育所や公立，私立の比率は，その歴史的経緯からまちまちであり，自分たちが就職を希望する市町村や実習先において，どのような保育所や幼稚園があるのかよく知っておくべきである。

## 4．幼稚園の現状と幼稚園教諭免許状

　最近の幼稚園は，地域によって差はあるものの，少子化によって園の数や園児数が減少の傾向にある。そのため，各幼稚園においては，園児の確保に懸命になり，親の希望に合わせて習い事や園バスを増やしたり，行事や入園説明会を積極的に行うなどの工夫を凝らしている。しかし現実問題として，私立幼稚園が廃園になったり，公立幼稚園同士の統合が行われたり，公立から私立への民営化や幼保一元化が行われたりなど急激な変化が起こっている。

　そのような中で，幼稚園の果たす役割も見直される時期に来ており，たとえば，預かり保育の実施や地域の幼児教育センターとして子育て支援活動を積極的に行ったりしている。

　保育士資格は 2001（平成 13）年に国家資格となる一方，幼稚園に勤めるためには教育職員免許法によって授与される幼稚園教諭免許状を取得する必要が

ある。その種類は，短大で取得できる幼稚園教諭2種免許状から大学で取得する1種免許状，そして大学院において取得可能な専修免許状の3種類が存在する。免許取得者の約8割は2種免許状を取得している。

　また，2005（平成17）年度より保育士として3年以上の在職経験を有する者を対象に幼稚園教員資格認定試験が実施され，合格者に2種免許状が授与されるようになった。さらに，免許状の更新制度が2007（平成19）年教育職員免許法改正によって決定され，2009（平成21）年4月から教員の資質向上のために，免許の有効期限を10年間とし，期限満了の2年間に大学が開設する30時間の免許状更新講習を受講・修了しなければ免許が失効されることとなった。

## 5．認可外保育施設について

　通常，保育所といえば，認可保育所のことを示している。認可保育所とは，児童福祉法に基づく児童福祉施設で，国が定めた設置基準（施設設備や保育士の職員数等）を守り，都道府県知事に認可された施設であり，市区町村が運営する公立保育所と社会福祉法人などが運営する私立（民間）保育所がある。

　一方，認可外保育施設（認可外保育所，無認可保育所）とは，国が定めた設置基準の条件を満たしておらず，国の認可を受けていない保育施設の総称である。認可外保育施設は，さまざまな呼び方や運営形態がある。

　たとえば，父母が資金を出し合って設立し，父母と保育士が協力し合って運営，保育をしている共同保育所，そして東京都などが独自に基準を定めた認証保育所がある。

　こうした認可外保育施設は，認可保育所だけでは対応しきれない保育ニーズ（待機児童，延長保育や一時保育など）を補う役割を果たしている。これらの施設は，一定の条件を満たせば，市町村などにおいて公的な助成金が与えられている。しかし，公的な関与のない施設も多く，すべての実態を行政が把握しているわけではない。そのため，1999年に発生した，施設長が児童を虐待して死亡させる「スマイルマム大和ルーム」（神奈川県）のような，劣悪な施設も存在している。これに対して厚生労働省は2001（平成13）年「認可外保育施設に対する指導監督の実施について」などの通知を出し，地域の実情に合わせた施設の利用を勧めると同時に指導監督を強化する方針を打ち出している。

　保護者は，保育所や託児所を選択する際，単に親にとって利便性があるというだけではなく，子どもの保育環境に適しているかを考え，自ら責任をもって選択する必要性を自覚することが大切である。

## 6．地域型保育給付（地域型保育事業）を含めた地域の子育て支援

　2012（平成24）年8月に子ども・子育て支援法を含む子ども・子育て関連3法が成立し，2015（平成27）年4月より，子ども・子育て支援新制度が施行された。それにともない保育制度も新たな仕組みに変わり，施設型給付である教育・保育施設である幼稚園，保育所，認定こども園を通じた共通の給付と，地域型保育給付（地域型保育事業）である小規模保育，家庭的保育，居宅訪問型保育，事業所内保育に再編・統一され，利用者が選択できることになった。

　さらに，地域の実情に応じた子育て支援として，地域子ども・子育て支援事業（子育て援助活動支援事業であるファミリー・サポート・センター事業，病児保育事業，放課後児童クラブ等），仕事と子育ての両立支援である仕事・子育て両立支援事業（企業主導型保育事業，企業主導型ベビーシッター利用者支援事業）がある。

　これらの制度は，保育所等の待機児童の解消の1つとして，また地域の子育て支援対策として，施設や事業に財政支援を行い，不足した保育，子育て支援の場を確保している。ここでは地域型保育給付を含めた地域の子育て支援についてみていく。

### （1）地域型保育給付（地域型保育事業）

**小規模保育**　小規模保育所は，新しい基準を設けて認可された保育施設であり，小人数を対象に，家庭的保育に近い雰囲気の下，きめ細かな保育を行う施設である。自治体のほか，民間団体（社会福祉法人，NPO法人など），民間企業など多様な主体が，さまざまなスペースを活用して質の高い保育を提供し，地域の実情に応じた多様な目的に活用できることを目指している。対象者は，原則として3歳未満の乳幼児を対象に預かる定員6〜19人の保育施設であり，通常の認可保育所よりも条件が緩和されている面もあり，急速に拡大している。従来の認可，認可外の区分とは異なる新しい枠組みが作られている。

**図1-1　子ども・子育て支援新制度の概要**

資料：内閣府「子ども・子育て支援制度について（参考資料）」2020年10月

　　小規模保育にはA型，B型，C型の3種類あり，それぞれ「子どもの定員数」「職員の数」「在籍する職員のうちの保育士資格保有者の割合」が異なる。たとえば，A型の小規模保育は，定員数が6名以上，19名以下であり，職員の数は保育所の職員配置基準＋1名となる。利用時においては，住んでいる自治体から認定を受け，施設と契約する。

**家庭的保育（保育ママ）**　家庭的保育とは保育ママとも呼ばれ，家庭的な雰囲気のもとで，少人数（定員5人以下）の乳幼児を預かる制度である。自治体から保育を委託されて自宅の一部を開放したり，施設の一部屋を借りて運営したりしている。2008年に児童福祉法が改正され，家庭的保育事業として制度化された。対象者は，原則として3歳未満の乳幼児であり，比較的小規模（定員規模1人以上5人以下）で家庭的な雰囲気の下，きめ細かな保育を行う。

保育に対応する職員は通常，子育ての経験のある者や保育士，幼稚園教諭などの資格・免許をもつ者が，研修等を受け，1人の大人に対して1～3人程度の子どもを家庭で預かり，保育を行っている。

**居宅訪問型保育（ベビーシッター）**　居宅訪問型保育とは，いわゆるベビーシッターであり，住み慣れた保護者の自宅において，原則として3歳未満の乳幼児に対して，1対1を基本とするきめ細やかな保育を実施する保育サービスである。対象者は，3歳未満の乳幼児であり，障害，疾病等で集団保育が著しく困難である場合，入所勧奨等を行ってもなお保育の利用が困難であり，市町村による入所措置の対象となる場合，ひとり親家庭の保護者が夜間・深夜の勤務に従事する等で居宅での保育が必要な場合である。保育に対応する職員は，必要な研修を修了し，保育士または保育士と同等以上の知識および経験があると市町村長が認める者となる。

　サービスの内容は，保育所と同じように1日8時間の保育を原則として，保育所保育指針をもとに1対1を基本とする保育を実施する。一般的には，自治体から居宅訪問型保育に対応している運営事業者に連絡され，利用者との面接が行われ，利用開始までの手続きを行っていく。

**事業所内保育（事業）**　事業所内保育（事業）は，地域型保育事業の1つであり，事業所が主体となり，その事業所の従業員の子どもを対象に仕事と子育ての両立支援として開設し，さらに地域の保育を必要とする子どもの保育（地域枠）を設けて実施する事業である。事業所内保育は，市町村の認可を受けて実施するため認可保育所に分類される。サービスの内容としては，認可保育所に準じた保育内容が実施される。また，事業規模が20名以上の場合は，認可保育所と同様の職員や面積等の基準が適用され，19名以下の場合は小規模保育事業A型またはB型と同様の職員や面積等の基準が適用される。

　対象者は，待機児童対象のために創設された制度上，3歳未満の乳幼児（0～2歳児）であり，3歳以降は，連携園に優先的に入園することができることになっている。さらに，地域型保育事業としての位置づけから，定員の4分の1程度は地域の子どもたちの枠として開放する義務があり，地域と企業でシェアをする仕組みである。保育に対応する職員は，認可保育所に準じるが，定員19名以下の場合は，規定＋1名以上の保育士の配置が必要と

なる。

## （2）地域子ども・子育て支援事業

　地域の実情に応じた子育て支援として地域子ども・子育て支援事業があり，主なものとしては，子育て援助活動支援事業であるファミリー・サポート・センター事業，病児保育事業，放課後児童クラブ等があげられる。

**子育て援助活動支援事業（ファミリー・サポート・センター事業）**　子育て援助活動支援事業とは，地域において，子どもを預けたい人（依頼会員）と子どもを預かりたい人（援助会員）がお互いに会員となり有償の援助活動を行う組織のことである。この事業は働く人々の仕事と子育てまたは介護の両立を支援する目的から，労働省（当時）が構想し，市区町村によって設立運営されたのが始まりである。

　このセンターの仕組みは，依頼会員と援助会員がセンターで登録し，依頼会員の依頼内容に応じて，適切な援助会員をセンターが選択，連絡し，事前打ち合わせの上で，援助会員が援助を行うものである。援助の内容は，保育施設までの送迎や保育施設等の終了時間後に援助会員の自宅で子どもを預かったりする。一時的，突発的なものに限定している地域もあるが，恒常的なケースも扱うようになってきており，仕事をもたない母親にも利用されている。

## （3）仕事・子育て両立支援事業

　仕事と子育ての両立支援として，仕事・子育て両立支援事業があり，主なものとしては，企業主導型保育事業，企業主導型ベビーシッター利用者支援事業がある。

**企業主導型保育事業**　企業主導型保育事業とは，2016年（平成28）年に，内閣府が開始した企業向けの助成制度であり，企業が従業員の働き方に応じた柔軟な保育サービスを提供するために設置する保育施設や，地域の企業が共同で設置・利用する保育施設に対し，施設の整備費および運営費の助成を行うものである。この事業は，内閣府の管轄であるものの企業主導型の保育事業として認可外保育施設に位置づけられる。また，自治体（市町村）の認可を

受けることなく開設が可能であり，週に2回のみといった多様な就労形態に対応する保育サービスの拡大を行い，保育所待機児童の解消を図り，仕事と子育ての両立に資することを目的としたものである。

　対象者は，定員の2分の1の範囲で地域の子どもたちに開放することができるが，すべて従業員向けに利用することも可能である。対象年齢の制限もなく，3歳以上の子どもを受け入れるところも多くある。

　保育に対応する職員は，認可保育所に準じるが定員数にかかわらず2分の1が保育士であればよいなど条件が緩和されている。

▌この章の小課題 ■■■■■■■■■■■■■■■■■■■■■■■■■■■■■■■■■■■
1．保育，育児，教育の意味の違いを説明してみよう。
2．現在の子どもたちの問題点や課題をあげてみよう。
3．保育所と幼稚園，地域型保育事業の特徴を説明してみよう。
■■■■■■■■■■■■■■■■■■■■■■■■■■■■■■■■■■■■■■■■■■

# 保育士資格を取得する2つの方法

　保育士は，保育所や他の児童福祉施設などにおいて，子どもの保育や子育て中の保護者への支援を行う専門職です。児童福祉法では第18条の4で，「保育士の名称を用いて，専門的知識及び技術をもって，児童の保育及び児童の保護者に対する保育に関する指導を行うことを業とする者をいう」と示されています。保育所の保育士と幼稚園の教諭を含めて保育者と呼ぶこともあります。

　この保育士の資格を取るためには大きく2つに分けられます。一つは，厚生労働大臣の指定する保育士養成施設で指定の科目を学び卒業する方法です。この保育士を養成する学校には，教育・保育系の4年制大学，短期大学の他に，専門学校などが考えられます。また通信教育課程を卒業することで保育士資格を取ることも可能です。ただし通信教育の場合は，そこで保育士資格が取得できる場合と保育士試験対策として受講する各種講座がありますので注意が必要です。

　短期大学などで保育系の学科は，保育士資格に加えて幼稚園教諭2種免許状の取得が可能となっているところが多いです。授業で学ぶ科目については，国が指定した科目を履修するように決められていますが，許される範囲内で科目の名称や授業の内容を変更したりすることは可能となっています。専門学校，短期大学，4年制大学など，どの保育士養成施設で学んでも同等の技術や知識を身につけるはずですが，実際は，それぞれの養成施設が特色あるカリキュラムを工夫しているのではないでしょうか。

　また，最近は4年制大学で保育士資格を取得可能なところが増えてきました。大学間の競争の中で大学卒というブランドだけでなく実用的な資格も付加価値として求められていると思われます。

　もう一つの保育士の資格を取得する方法は，保育士試験を受験し，合格することです。2016（平成28）年からは現場の保育士不足に対応するために，保育士試験が年に2回実施されるようになりました。

　保育士試験に合格するためには，「筆記試験」を受け，すべての科目に合格した上で，「実技試験」に合格する必要があります。もし，筆記試験で 1 科目でも合格していないと実技試験が受けられないので，次年度にもう一度試験を受けることになります。

　受験資格は，「大学に 2 年以上在学して 62 単位以上修得した者又は高等専門学校を卒業した者」などです。児童福祉施設などでの職歴を加味して受験資格となる場合もあります。現在（2020 年）の保育士試験の筆記試験，実技試験の科目，試験時間及び配点は以下の通りです。

〈筆記試験〉
　　各科目の試験時間は 60 分で 100 点満点，教育原理と社会的養護のみ30 分，50 点満点です。
　　保育原理，教育原理，社会的養護，子ども家庭福祉，社会福祉，保育の心理学，子どもの保健，子どもの食と栄養，保育実習理論
〈実技試験〉
　　保育実習実技（時間は都道府県で定める）　100 点満点

　合格基準は，1 科目につき 6 割以上の点数が取れれば合格となります。ただし，教育原理及び社会的養護については，それぞれの科目で 6 割以上取れなくてはいけません。前年，前々年に合格した科目については，保育士試験受験科目免除願を提出することでその科目が免除されます。また幼稚園教諭免許状を取得している人は，あらかじめ申請することで，筆記試験科目の保育の心理学，教育原理，そして実技試験の保育実習実技を免除することができます。現在，試験の業務の大半を，一般社団法人全国保育士養成協議会が担っており，不明な点があれば，そちらのホームページをご参照下さい。

　このように，保育士資格の取得方法は，2 つの選択肢があり，多様な立場の人たちを受け入れているのが現状です。保育士養成施設の教員の立場としては，最低でも 2 年間の養成校での学びと 3 回の実習経験を経て，自信をもって資格を取得してほしいという願いがあります。ただ，すでに社会人の方などに対しては，保育士試験を受けて資格を取得することで，自分のキャリアを生かした保育をすることも大切なことかもしれません。

　2 つの選択肢の中から自分のライフスタイルにあった選択をして資格の取得を目指してください。

# 幼保一元化と認定こども園

第2章

◆この章で学ぶポイント◆

1. 幼稚園・保育所が辿ってきた歴史を追ってみよう。
2. エンゼルプランから始まる国の少子化・子育て支援政策について学ぼう。
3. 現在の就学前教育・保育施設を概括的に比較対照してみよう。

## 第1節　幼保一元化の流れ：前史—幼稚園と保育所の成立過程

　日本における「幼児教育—保育施設」が創設されてから，140年以上経過している。この施設とは，「幼稚園」と「保育所」を基本的に意味する。この2つの教育—保育施設が，補完し合いつつ併存してきた。しかし，現在，我が国の経済的・社会的動向を鑑みれば，女性が就労し，社会参加を実践する傾向は顕著となってきており，同時に少子化の時代も迎えている。1989（平成元）年に我が国の合計特殊出生率が史上最低の1.57人を記録し，"1.57ショック"と呼ばれた。加えて，母親の育児不安・孤立化，幼児虐待の増加などの問題も深刻化している。このような社会変化に対応すべく，新しい「幼児教育—保育施設」——保護者の就労の有無によらず小学校就学前のすべての子どもたちの教育・保育ニーズに適切にかつ柔軟に対応する施設——が求められることとなる。それが，「認定こども園」といわれる施設である。けれども，これまで幼稚園・保育所が日本の就学前教育——保育の根幹を担ってきた事実は重い。「認定こ

ども園」の成立過程をみる前に，まず幼稚園・保育所が辿ってきた歴史を追いながら，この現実を理解していく必要がある。

## 1．幼稚園の成立過程

　1876（明治9）年の「東京女子師範学校附属幼稚園」の開設が，日本最初の幼稚園設立とされている。1872（明治5）年に制定された我が国最初の教育法規である「学制」において「幼稚小学」（第22章）という規定——「幼稚小学校ハ男女ノ子弟六歳迄ノモノ小学ニ入ル前ノ端緒ヲ教ルナリ」——がみられるが，1つとして設立されることはなかった。工業国化・資本主義国化を図ろうとする明治政府にとって，重要な課題は，一定程度の「読み・書き・算」の能力を持った安価な労働力の確保であった。そのためには，全国における小学校の設立と就学率の向上こそが，喫緊の課題であった。

　ではなぜ，財政的にも厳しい中，こんな早い時期に「幼稚園」が設立・開園したのだろうか。当時の高級官僚・富裕層・貴族らの中に，自分たちの子どもを市井の子どもたちと同じように育てるのではなく，優越意識を持った特別の子どもとして育てること，そのエリート教育の端緒として「幼児教育」を位置づけたいという欲望があったという背景がある。これらの背景がある中で，日本最初の幼稚園として「東京女子師範学校附属幼稚園」が，誕生したのである。

　東京女子師範学校附属幼稚園は，国民に就学前教育としての幼児教育が必要だという認識のもとに作られたのではなく，①「幼稚園を作ることができるほど日本の教育制度は充実した」との印象を他の欧米先進国に与えたかったこと，②支配階級の人々が自分の子どもたちにエリート教育として幼児教育を受けさせたかったこと，の2点を背景に設立されたといえよう。実際，幼稚小学が案文だけで，実際には一校も作られなかったことや，この幼稚園に通園した子どもたちの大半が，貴族の家の子ども，高級官僚の子どもたちだったこと，保育内容である歌やお話が日本のものではなく西洋のものであったことなどからも，その事は裏づけられる。ここには，明らかに舶来主義的・貴族趣味的色彩が色濃くある。この東京女子師範学校附属幼稚園が，後の各地における幼稚園設立の規範となっていったこと，1899（明治32）年に制定された「幼稚園保育及設備規程」（幼稚園の施設・設備・保育内容等に関する法的基準；この規程は，

幼稚園の教育内容・方法・設備を初めて明確に規定したものであり，最終的には 1926（大正 15）年の「幼稚園令」にまとめられていく）が，東京女子師範学校附属幼稚園の設備や保育内容を基にしていることを考えると，幼稚園は，当初から日本の富裕層を対象とした施設（学校）という色彩をまとったものだったのである。新しく形成されてきた富裕層が自分たちの子女も一部特権階級エリートたちと同様に幼児期から教育を受けさせたいと要求をもつのも，至極当然の成り行きであろう。この規定の成立に後押しされ，幼稚園の普及が進んでいくこととなる。1912（明治 45）年には，私立幼稚園数 309・国公立幼稚園数 224（計 533 園），在園幼児数は 4 万 4 千人にまで及んでいる。

　もちろん，この幼稚園が，現在まで，選良意識に裏打ちされたエリート臭のするものであったわけではない。大正期には，日本の幼児教育の先駆者と言われる倉橋惣三（1882-1955）が登場し，子どもの自発的な生活経験重視の子どもの心性に即した保育を創出させたりもした。しかし，時代の流れの中でそのようなこともあったとはいえ，東京女子師範学校附属幼稚園が，エリート主義的な匂いを漂わせていたことは紛れもない事実であり，その意味で，日本の幼稚園は，その創設時からエリート主義的な出発をしてしまっていたといえよう。

## 2．保育所の成立過程

　保育所は，幼稚園とはまったく異なる様相で成立していくこととなる。前述したように，明治政府は，幼稚園を国民大衆レベルの教育機関として推進する気はなく，むしろ，小学校への就学率の向上が重要な課題であった。東京女子師範学校附属幼稚園が設立された当時の小学校の就学率は，学齢期児童の 4 割にも達していなかったのである。当時，まだ人口の大半は農民であり，母親も重要な労働力であって，幼児の面倒は年長の長女・長男が見るのが当たり前であった。そのような状況では，長男・長女たちは自分の弟・妹の面倒を見るだけで精一杯で，小学校へ行くことは難しかったのである。そこでまず，「子守り」をしながらでいいから就学する機会を保証することが第一となり，その対応として「子守学校」というものが開設されることとなる。渡辺嘉重（1858-1937）が 1883（明治 16）年に茨城県で実践したものが有名である。そこでは，教場・遊戯室・鎮静室の 3 室が隣り合わせに設けられており，教場では子守り

をしている児童が勉強をし，遊戯室では連れてこられた 2 ～ 6 歳の幼児が遊び，鎮静室では 2 歳未満の乳幼児が寝ているのである。連れてきた乳幼児を保育（遊ばせたり・寝かせたり）する者は，連れてきた児童の中から交替で選ばれるのである。専任の保育者をもたないため，「保育所」と呼ぶにはやや難がある。

　子守学校から発展し，専任の保育者をつけたものが，赤沢鍾美（1867-1937）が 1890（明治 23）年に新潟で開設した私塾「新潟静修学校」に付設された託児所である。赤沢は，子守りをしている兄姉に勉学の機会を与えんとして私塾（新潟静修学校）を開き，妻のナカを専任の保育者として別室を設け，彼女に通ってくる児童が連れてくる幼児の「保育」を行わせたのである。赤沢夫妻は，1908（明治 41）年に付設の保育室を独立させ，その施設を「守孤扶独幼稚児保護会」（通称，赤沢保育園）と名づけ，広く保育事業を展開していくこととなる。ここに，常設保育所の原形が確立したといえるであろう。

　明治が進むと産業化が進展し，貧富の差がより拡大していく。前述したように富裕層の増加は，幼稚園の拡大を促進したが，一方で，多くの貧困層が生じ，都市部でスラム化する地域や婦人労働者の増加が顕著となっていった。そのような社会背景がある中で，貧民層の労働支援や彼らの子どもの保護・育成を目的とする施設が開設されることとなる。婦人労働力確保のために工場付設の託児所も設立されているが，その最初のものが 1894（明治 27）年大日本紡績株式会社に開設された工場内託児所である。付設ではなく，独立した施設として先駆的・代表的なものが，1899（明治 32 年）に華族女学校附属幼稚園に勤めていた野口幽香（1866-1950）と森島峰（1868-1936）が設立した貧民幼稚園「二葉幼稚園」であろう。二葉幼稚園は，"貧民"幼稚園であり，いわゆる幼稚園とは性格を異にするものである。二葉幼稚園は，①貧困家庭の家事を余裕あらしめるため 7 ～ 8 時間の長時間保育の実施，②恩物主義，知識主義を脱却し，日常生活の習慣の形成，言語の矯正，遊戯中心の保育，を特徴としていた。まさしく「保育所」としての性格をもつものであり，1916（大正 5）年に二葉保育園と改称している。また，1909（明治 42）年には，石井十次（1865-1914）によって，大阪で初めての保育所「愛染橋保育所」が開設されている。1912（明治 45）年の時点では 15 施設にすぎないが，昭和に入ると，急激に数を増していく。1947（昭和 22）年には 1,500 を超え，1950（昭和 25）年には 3,686 施

設・入所児童数 292,504 人まで達することになる。1938（昭和 13）年に「社会事業法」が制定され，保育所は「社会事業施設」として位置づけられていく。

　ここに至り，幼稚園は，「小学校令」から独立した「幼稚園令」の制定によって「幼児教育機関」としての地位を確立し，保育所は，「社会事業法」の制定によって，幼稚園とは異なる〝児童の保護・育成施設〟としてその地位を確立していくこととなる。明治から昭和にかけて資本主義が進展し，小市民的富裕層と貧しい労働者階級とが，大きく二分された形で形成されていく中で，中流以上の階層を対象とした「幼稚園」と下層労働者階層の実態に即した「保育所」の二重性が，日本において確立していくという現実があったのである。

## 第2節　少子化・子育て支援政策と第一次認定こども園の成立

### 1．エンゼルプランからの少子化・子育て支援政策

　昭和時代，幾度となく幼保の一元化が取り沙汰されてきたが，掛け声倒れで「幼稚園」「保育所」という二元体制がずっと維持されてきた。それは，前節で確認したそれぞれの歴史によるところが大であった。しかし，21 世紀に入り，女性の高学歴化・社会進出も目覚しく，それがこれまでの「幼稚園・保育所」という二元的就学前教育（保育）に対し多様なニーズを形成し始めてきた。社会情勢の大きな変化によって，幼保の一元化が現実味を帯びてくる。つまり，「少子化・子育て支援」をどう実現するのかという政策過程で，幼保の一元化が，結果として図られていくことになる。

　1994（平成 6）年 12 月 16 日，少子化を防ぎ，子育てしやすい社会の構築を目指して，当時の文部・厚生・労働・建設の 4 省大臣の合意として「今後の子育て支援のための施策の基本的方向について」いわゆる「エンゼルプラン」が発表される。このプランは，以下の 3 つの基本的視点に立っていた。

　　①安心して出産や育児ができる環境を整える。

　　②家庭における子育てを基本とした「子育て支援社会」を構築する。

　　③子どもの権利が最大限尊重されるよう配慮する。

　エンゼルプランは，翌年度より，低年齢児保育，延長保育，一時的保育，放課後児童クラブ，地域子育て支援センターなどの高い保育サービスの拡充・整

備を図るべく，緊急保育対策5か年事業として具体化されることになる。この事業は5か年事業なので1999（平成11）年度で終わりとなったが，目標の達成には不十分で，引き続き，地域に密着した保育所機能の整備・拡充が求められることとなる。それが，2000（平成12）年に策定された「重点的に推進すべき少子化対策の具体的実施計画」（新エンゼルプラン：2000～2004年度）である。

　しかし，10年間にわたって，保育関連事業を中心に施策を展開してきたが，残念ながら，少子化傾向に明確な改善はみられなかった。そこで政府は，さらなる次世代育成支援施策を強化することになり，「次世代育成支援対策推進法」（2005〔平成17〕年度から10年間の時限立法）と「少子化社会対策基本法」を制定し，「子どもを産み，育てることに喜びを感じることのできる社会」を目指す施策として，次なる5か年計画を打ち出すことになる。

　それが，2005～2009年度で実施された「子ども・子育て応援プラン（新新エンゼルプラン）」と呼ばれる「少子化社会対策大綱に基づく重点的施策の具体的実施計画」である。子ども・子育て応援プランでは，少子化社会対策基本法に基づく少子化対策大綱で示された，①若者の自立，②職場・働き方の見直し，③子供や家庭の大切さへの理解，④地域の子育て支援，などを重点的な課題として施策と目標を設定，子育て世代の働き方と若者自立策に対策を拡大していくこととなる。

## 2．変化していく幼稚園・保育所と第一次認定こども園の成立

　エンゼルプランは「少子化・子育て支援政策」であるが，その中で従来の「幼稚園」「保育所」も，当然その役割が変容していくこととなる。

　まず，エンゼルプランにもあるように，女性の社会進出による乳幼児保育の需要が急速な高まりを見せ，それに対応できる保育所の拡充（および設置）を求める声が都市部を中心に大きくなってきた。その結果，保育所は2か月児の乳児から受け入れることが一般的になり，また開閉園時間も午前7時から午後6時が常識となった。また，幼稚園も，1988（平成10）年に改訂された「幼稚園教育要領」において「地域の実態や保護者の要請により，教育課程に係る教育時間の終了後に希望するものを対象に行う教育活動については，適切な指導体制を整えるとともに……教育課程に基づく活動との関連，幼児の心身の負担，

家庭との緊密な連携などに配慮して実施すること」と明記され，私立幼稚園を中心に，午後5時程度までの「預かり保育」の実施が常態化してきている。これらは，幼稚園も含めた「保育事業の量的拡大」という意味での変容である。

　しかし，変容はそこに止まらない。それだけでは少子化を食い止めることはできず，むしろ，家庭における子育て「機能」の変化が起こってきた。育児ノイローゼから児童（幼児）虐待まで，子育て家庭が抱えるさまざまな問題が噴出・顕在化し始め，その結果，幼稚園や保育所が「子育て支援」を行うことも求められてきたのである。従来から果たしてきた「保育・教育」的役割に加え，保護者からのさまざまなニーズに応える形でのサービスの多様化，幼稚園や保育所を利用せずに地域で子育てをしている保護者へのサポートが，子育て支援者として，保育者に求められ始めたのである。

　まず，保育所であるが，その変容は「児童福祉法」の 1998（平成 10）年，2001（平成 13）年という矢継ぎ早の改正として現れる。これらの改正で保育に関する特徴は，以下の2点である。

　　①保育所は，保育所を利用している保護者だけでなく，地域の保護者にも開かれた子育てセンター的役割を果たすこと（第 48 条の 3　保育所は，当該保育所が主として利用される地域の住民に対してその行う保育に関し情報の提供を行い，……乳児，幼児等の保育に関する相談に応じ，及び助言を行うよう努めなければならない）。

　　②「保母」の名称を「保育士」と改め，その職性を「児童の保育」から「保育を含めた子育て支援」まで拡大させること（第 18 条の 4「　保育士とは，……保育士の名称を用いて，専門的知識及び技術をもって，児童の保育及び児童の保護者に対する保育に関する指導を行うことを業とする者をいう）。

　これらの法改正を受け，「保育所保育指針」も 2008（平成 20）年に改定され，「保育所は，入所する子どもを保育するとともに，家庭や地域の様々な社会資源との連携を図りながら，入所する子どもの保護者に対する支援及び地域の子育て家庭に対する支援等を行う役割を担うものである」と，その役割が規定されることになる。現在，保育所は，子どもを保育するという役割だけではなく，入所している子どもの保護者のみならず，地域全体の子育て支援の役割も求め

られている。

　幼稚園も，当然，同様な変化が求められていく。幼稚園は，法制上学校教育機関であり，その根拠規定は「学校教育法」である。そこにおいて，これまで「目的」「目標」が規定されてきた（第22条　目的，第23条　目標）。そのような幼稚園に，2007（平成19年）の法改正において「家庭及び地域への支援」の条文が付け加えられたのである（第24条　家庭及び地域への支援　幼稚園においては，……幼児期の教育に関する各般の問題につき，保護者及び地域住民その他の関係者からの相談に応じ，必要な情報の提供及び助言を行うなど，家庭及び地域における幼児期の教育の支援に努めるものとする）。

　また，この法改正に先立ち，前述したように，1998（平成10年）に幼稚園教育要領が改訂されているが，この改訂は，「心身の発達を助長することを目的とする」幼稚園に次の2つの役割を課す画期的なものであった。1つは，前述した「預かり保育」体制の整備であり，そしてもう1つは，「地域の幼児教育センター」としての役割の明記である（幼稚園の運営に当たっては，子育ての支援のために保護者や地域の人々に機能や施設を開放して，園内体制の整備や関係機関との連携及び協力に配慮しつつ，幼児期の教育に関する相談に応じたり，情報を提供したり，幼児と保護者との登園を受け入れたり，保護者同士の交流の機会を提供したりするなど，地域における幼児期の教育のセンターとしての役割を果たすよう努めること）。

　このように，社会ニーズに対応して，保育所も幼稚園も，長時間保育を行い，地域の子育て支援センター的役割を果たすとなると，実態においては両者の違いは殆どなくなってくる。ここにいたって，保護者の就労の有無にかかわらず，小学校就学前の子どものための教育・保育のニーズに適切にそして柔軟に対応する幼児教育・保育制度の新たな「選択肢」が模索されることになる。その結果，地域において乳幼児が健やかに育成されるよう乳幼児に対する教育と保育サービスの一体的な提供及び子育て支援の総合的な提供を推進する措置を講じる目的で，2006（平成18）年に「就学前の子どもに関する教育，保育等の総合的な提供の推進に関する法律（認定子ども園法）」が制定されることになる。この法律によって生まれた新たなる保育施設が，「認定こども園」と呼ばれるものである。

認定こども園制度の推進により，

- 保護者の就労の有無にかかわらず施設の利用を可能にする
- 適切な規模の子どもの集団を保ち，子どもの育ちの場を確保する
- 既存の幼稚園の活用により待機児童を解消する
- 育児不安の大きい専業主婦家庭への支援を含む地域子育て支援を充実させる

などの効果が期待されている。

　「認定こども園」制度とは，幼稚園あるいは保育所等のうち，以下の2つの機能を備え，都道府県が「国の指針」を参酌して条例で定めた認定基準を満たしている施設について，都道府県知事が「認定こども園」と認定する幼児保育の第三の保育施設である（※認定こども園の認定を受けても，幼稚園や保育所はその位置づけを失うことはない）。

　①就学前の子どもに幼児教育・保育を提供する機能（保護者が働いている，いないにかかわらず乳幼児を受け入れて，教育・保育を一体的に行う機能）。

　②地域における子育て支援機能（すべての子育て家庭を対象に，子育て不安に対応した相談活動や，親子の集いの場の提供などを行う機能）。

　また，認定こども園には，地域の実情に応じて次のような多様なタイプが認められることになる。

　①幼保連携型：認可幼稚園と認可保育所とが連携して一体的な運営を行う。

　②幼稚園型：認可幼稚園が，保育を必要とする乳幼児のための保育時間を確保するなど，保育所的な機能を備える。

　③保育所型：認可保育所が，保育を必要とする乳幼児以外の乳幼児も受け入れるなど，幼稚園的な機能を備える。

　④地方裁量型：幼稚園・保育所いずれの認可もない地域の教育・保育施設が，認定こども園としての必要な機能を果たす。

　幼稚園は文部科学省，保育所は厚生労働省の管轄であるが，認定こども園に関しては文部科学省と厚生労働省とが連携して「幼保連携推進室」を設置し，認定こども園に関する事務を一体的に行っている。認定こども園は，幼稚園や保育所合併や移行が多いが，財政的な措置の不十分さや事務手続きの煩雑さな

どにより，認定こども園の申請には慎重なところが多いのも事実である。しかし，社会情勢の急激な変化は止められず，乳児や低年齢幼児の保育需要の拡大，子育て支援，充実した幼児教育への欲求等が繋がり合って，社会問題化しているのは明らかである。政府も，認定こども園の整備をより積極的に推進する施策を採った。それが，子ども・子育て支援新制度である。この新制度で幼稚園・保育所のいっそうの一元化が図られ，「認定こども園」は新たな段階に入っていく。「幼保連携型認定こども園」はまさに幼保一元化の象徴的存在であり，次のステージでは，まさに"第3"の幼児教育・保育施設として独自に確立されることになる。

## 第3節　子ども・子育て支援新制度と第二次認定こども園（幼保連携型認定こども園）

　2012（平成24）年8月に子ども・子育て関連3法と言われるものが成立する。
　子ども・子育て関連3法とは，以下の3法を指し，幼児期の学校教育・保育，地域の子ども・子育て支援を総合的に推進していこうとする趣旨の下，自公民3党合意を踏まえて成立したものである。
　　1．子ども・子育て支援法
　　2．認定こども園法（就学前の子どもに関する教育，保育等の総合的な提供の推進に関する法律）の一部改正
　　3．児童福祉法の一部改正
　　この法律群の主なポイントは以下の3点であろう。
　①施設型給付と地域型保育給付の創設
　　認定こども園，幼稚園，保育所を通じた共通の給付（「施設型給付」）および小規模保育等への給付（「地域型保育給付」）の創設
　②認定こども園制度の改善（幼保連携型認定こども園の改善等）
　　幼保連携型認定こども園について，認可・指導監督の一本化，学校および児童福祉施設としての法的位置づけ（※認定こども園の財政措置を「施設型給付」に一本化）

　③地域・子育て支援の充実

　　　地域の実情に応じた子ども・子育て支援（利用者支援，地域子育て支援拠点，放課後児童クラブなどの「地域子ども・子育て支援事業」）の充実

　「子ども・子育て支援新制度」とは，子ども・子育て関連3法に基づく制度のことをいい，一人ひとりの子どもが健やかに成長することができる社会の実現を目指して創設されたものである。これは，エンゼルプランから一貫して目指してきた日本の子育てシステムの改善の1つの結論といってよいかもしれない。

　つまり，①保育の量的拡大・確保，②質の高い幼児期の学校教育・保育の総合的一体的な提供，③すべての子育て家庭を対象にした地域の子ども・子育て支援の充実，の実現である。これら3点は密接な関係をもっているが，特に①と②は連動する課題である。これらの問題を解決するために，「認定こども園法」を制定し，認定こども園の設立を図ったが，認定こども園の認定を受けても，幼稚園や保育所はその位置づけを失うことはないため，複雑な設置手続きが残り，そのことが結果として，入園・所手続きや保育料等も幼保二元制度のまま，幼稚園・保育所を残してしまった。

　そこで，幼保連携型認定こども園の設置を推進するために，①認定こども園，幼稚園，保育所を通じた共通の給付（「施設型給付」）とし，②幼保連携型認定こども園において，幼稚園や保育所という位置づけを外した上（幼稚園・保育所ではない新“幼保連携型認定こども園”という施設となる）で認可・指導監督を一本化し，学校及び児童福祉施設として法的に位置づける，ことがこの新制度で目指されることとなる。また，「施設型給付」確立にともない，新制度では施設型給付費等の支給を受ける子どもの「認定」制（1号・2号・3号）が導入されることになる。

　「子ども・子育て支援法」では，幼稚園，認可保育所，認定こども園は，「教育・保育施設」と称され，同法による施設型給付を行うための市町村による「確認」が行われた施設が「特定教育・保育施設」と呼ばれることになる。「施設型給付」とは，「特定教育・保育施設」で行う教育・保育に対するサービス費用総体のことで，その中に含まれる保育料（利用者負担額）は，国が定める

表 2-1　施設型給付等の支援を受ける子どもの認定区分

| 認定区分 | 給付の内容 | 認定区分 給付の内容 給付を受ける施設・事業 |
|---|---|---|
| 教育標準時間（1号）認定子ども<br>満3歳以上の小学校就学前の子どもであって，2号認定子ども以外のもの［子ども・子育て支援法第19条第1項第1号］ | 教育標準時間 | 幼稚園<br><br>認定こども園 |
| 保育（2号）認定子ども<br>満3歳以上の小学校就学前の子どもであって，保護者の労働又は疾病その他の内閣府令で定める事由により家庭において必要な保育を受けることが困難であるもの［子ども・子育て支援法第19条第1項第2号］ | 保育標準時間<br>保育短時間 | 保育所<br><br>認定こども園 |
| 保育（3号）認定子ども<br>満3歳未満の小学校就学前の子どもであって，保護者の労働又は疾病その他の内閣府令で定める事由により家庭において必要な保育を受けることが困難であるもの［子ども・子育て支援法第19条第1項第3号］ | 保育標準時間<br>保育短時間 | 保育所<br><br>認定こども園<br><br>小規模保育事業所等 |

表 2-2　子ども・子育て支援新制度における施設・事業の類型

| 類　型 | 施設・事業 |
|---|---|
| 施設型給付 | 幼稚園<br>保育所<br>認定こども園 |
| 地域型保育給付 | 小規模保育事業<br>事業所内保育事業<br>家庭的保育事業<br>居宅訪問型保育事業 |

※認定こども園・4種：幼保連携型，幼稚園型，保育所型，地方裁量型
※施設型給付の対象となる教育・保育施設として確認を受けない旨の申出を市町村に行った私立幼稚園に対しては，私学助成及び就園奨励費補助を継続

「公定価格」を基に，市町村が利用者の所得に応じて応能負担で定める額になる。給付額は，国が定める基準により算定した費用（公定価格）から，政令で定める額を限度として市町村が定める額（利用者負担額）を引いた額とされる。

　ここで，"1号・2号・3号"と書いたが，この点も新制度の特徴となっている。すなわち，「『保育の必要量の認定』の導入」である。"1号"認定とは，3歳以上児のうち「保育の必要性のない子ども」認定，"2号"認定とは，3歳以上児のうち「保育の必要性のある子ども」認定，"3号"認定とは，3歳未満

表2-3　「保育の必要性」の事由（「子ども・子育て支援法施行規則」第1条の5より）

| 「2号認定」または「3号認定」を受けるための該当要件 | |
| --- | --- |
| ① | 就労 |
| ② | 妊娠中であるか又は出産後間もない場合 |
| ③ | 疾病にかかり，若しくは負傷し，又は精神若しくは身体に障害を有している場合 |
| ④ | 同居又は長期入院等している親族を常時介護・看護している場合 |
| ⑤ | 震災，風水害，火災等の災害復旧にあたる場合 |
| ⑥ | 求職活動（起業の準備を含む）を継続的に行っている場合 |
| ⑦ | 大学・専門学校・職業訓練校などに通っている場合 |
| ⑧ | 虐待や DV のおそれがある場合 |
| ⑨ | 育児休業取得時に，既に保育を利用している子どもがいて継続利用が必要な場合 |
| ⑩ | その他，上記に類する状態として市町村が認める場合 |

児のうち「保育の必要性のある子ども」認定となっている。また，新制度では，パートタイマーなど短時間就労の保護者の子どもも，公的保育が利用できるように，「保育の必要量の認定」も導入されている。それが，保護者の就労状況等に応じた「保育標準時間」認定，「保育短時間」認定である。したがって，保育・教育時間を見ると，"1号"認定幼児―教育標準時間（1日4時間の幼児教育時間），"2号・3号"認定幼児―①保育標準時間（フルタイムの就労を想定：11時間の保育時間），②保育短時間（主にパートタイムの就労を想定：8時間の保育時間）の3種類が，「保育の必要量の認定」にともなって設定されることになる。

　このように，幼稚園と保育所が「施設型給付」という形でまとめられる中，次にくるのは，就学前保育―教育施設（機関）としての形式的統合である。それが，"新"幼保連携型認定こども園である。上述したように，幼保連携型認定こども園は「施設型給付」であり，幼稚園や保育所という位置づけを外した，一体的保育施設である。その意味では，"1号・2号・3号"すべての認定児が在籍するという施設となる（国は，幼保連携型認定こども園に必ずしも3歳未満児対応を義務づけてはいないので，厳密にいえば，"3号"はいない園もあり得る）。この施設は，保護者の就労に関係なく，就学前のすべての幼児に一貫的・一体的に保育―教育を提供する施設となる。まさに，幼保一元施設と

**表 2-4　幼稚園・保育園（保育所）・幼保連携型認定こども園の比較**

| 正式名称 | 幼稚園 | 保育所 | 認定こども園<br>（幼保連携型，幼稚園型，<br>保育所型，地方裁量型） |
|---|---|---|---|
| 所　管 | 文部科学省 | 厚生労働省 | 内閣府が管轄するが，文部科学省や厚生労働省とも連携 |
| 根拠法令 | 学校教育法 | 児童福祉法 | 就学前の子どもに関する教育,保育等の総合的な提供の推進に関する法律（通称：認定こども園法）<br>※児童福祉法（第 7 条および第 39 条の 2）および教育基本法（第 6 条） |
| 法的な<br>位置づけ | 学校 | 児童福祉施設 | 学校かつ児童福祉施設 |
| 目　的 | 「幼稚園は，義務教育及びその後の教育の基礎を培うものとして，幼児を保育し，幼児の健やかな成長のために適当な環境を与えて，その心身の発達を助長することを目的とする」（学教法第 22 条） | 「保育所は，保育を必要とする乳児・幼児を日々保護者の下から通わせて保育を行うことを目的とする施設とする」（児福法第 39 条） | 「幼保連携型認定こども園は，義務教育及びその後の教育の基礎を培うものとしての満三歳以上の幼児に対する教育（教育基本法第 6 条第 1 項に規定する法律に定める学校において行われる教育をいう）及び保育を必要とする乳児・幼児に対する保育を一体的に行い，これらの乳児又は幼児の健やかな成長が図られるよう適当な環境を与えて，その心身の発達を助長することを目的とする施設とする」（児福法第 39 条の 2）<br>②幼保連携型認定こども園に関しては，この法律に定めるもののほか，認定こども園法の定めるところによる。<br>※この法律（認定こども園法）において「幼保連携型認定こども園」とは，義務教育およびその後の教育の基礎を培うものとしての満 3 歳以上の子どもに対する教育並びに保育を必要とする子どもに対する保育を一体的に行い，これらの子どもの健やかな成長が図られるよう適当な環境を与えて，その心身の発達を助長するとともに，保護者に対する子育ての支援を行うことを目的として，この法律の定めるところにより設置される施設をいう（第 2 条の 7） |

| | | | |
|---|---|---|---|
| 対象<br>※認定区分 | 満3歳から小学校就学の始期に達するまでの幼児<br>※保育を必要としない幼児：1号認定 | 保育を必要とする乳児・幼児・児童（児童には18歳未満まで含まれるが，一般的には0歳～5歳の乳児，幼児が対象）<br>※保育必要性認定　2号：3歳以上（小学校就学前まで）　3号：3歳未満 | 保育を必要とする子もしない子も受け入れて，教育・保育を一体的に行う<br>※1号・2号・3号：すべて入園可（3歳未満児の保育設備が未整備の場合：3号除外） |
| 入園の申込 | 直接，入園を希望する幼稚園に申し込む。園長が入園を決定するが，希望者が定員を上回る場合等は抽選等の方法をとる場合もある。 | 市町村は保育を必要とする乳・幼児等を保護者から申し込みがあったときは保育所において保育しなければならない（児福法第24条）。<br>※市町村による「保育認定（2・3号）」および「利用調整」 | 設置者と保護者との直接契約。ただし，保育認定必要（2・3号）児は市町村による「認定」および「利用調整」が行われる。<br>※園は，保育認定児入園を原則，拒むことはできない。 |
| 設置・運営の基準 | 幼稚園設置基準 | 児童福祉施設の設備及び運営に関する基準 | 幼保連携型認定こども園の学級の編制，職員，設備及び運営に関する基準 |
| 教育・保育内容の基準 | 幼稚園教育要領 | 保育所保育指針 | 幼保連携型認定こども園教育・保育要領 |
| 一日の教育・保育時間 | 4時間（標準）<br>多くの私立幼稚園では「預かり保育」が実施され，保育所と変らない長時間保育を実施している幼稚園もある。 | 11時間（保育標準時間）<br>8時間（保育短時間） | • 1号認定児：幼稚園に準ずる<br>• 2号・3号児：保育所に準ずる |
| 年間の教育・保育日数 | 39週以上<br>※夏休み・冬休み等の長期の休み有<br>（その期間中も預かり保育等として保育をする幼稚園もある） | 規定なし<br>※年末年始および日曜・祝祭日以外の休みは原則としてない | • 1号認定児：幼稚園に準ずる<br>• 2号・3号児：保育所に準ずる |
| 保育者 | 幼稚園教諭 | 保育士 | 保育教諭（幼稚園教諭と保育士の両方の資格を持つ者）<br>※幼稚園教諭＋保育士資格 |
| 1学級当たりの幼児数及び1教員（保育士）当たりの幼児数 | 1学級当たり幼児数／設置基準35人以下（原則）<br>学級担任制：1学級1担任以上<br>※3歳児等は20人以下の場合が多く，複数担任を実施している幼稚園もある | 1学級当たり乳幼児数／学級編制基準なし。<br>1保育士当たりの乳幼児数（概ね数）：乳児3人，1歳以上3歳未満児6人，3歳以上4歳未満児20人，4歳以上児30人。<br>※市町村によっては0・1歳児の担当人数を3人としている | • 3歳未満児：保育所に準ずる<br>• 3歳以上児：幼稚園に準ずる |
| 給食の実施 | 任意 | 義務 | 1号認定児：任意<br>2号・3号児：義務 |

| 利用料<br>(保育料) | 1 号認定児：無償〔月額 25,700 円を限度として保育料が免除。保育料が月額 25,700 円を超える場合は差額を幼稚園に納付〕<br>※通園送迎費，給食費等：実費<br>※満 3 歳（3 歳になった日）から | • 2 号認定児：3 歳になった後の最初の 4 月以降無償<br>※通園送迎費，給食費等：実費<br>• 3 号認定児：世帯の収入に応じて自治体が定めた負担額 | • 1 号認定児：幼稚園に準ずる<br>• 2 号・3 号児：保育所に準ずる |

して位置づけられる。"新"幼保連携型認定こども園は，学校教育と保育を一体的に提供する施設であるため，その職員は，「幼稚園教諭免許状」と「保育士資格」の両方の免許・資格を有していることを原則とし，「保育教諭」と呼称することになる。

## 第 4 節　無償化される幼児教育・保育サービスと新たな保育制度の方向性

　令和の時代に入って「子ども・子育て支援新制度」は新たなるフェーズを迎えることになる。それは，2019（令和元）年 10 月から始まった「幼児教育・保育の無償化」である。

　これは，2017（平成 29）年に閣議決定された「新しい経済政策パッケージ」の中にある「第 2 章　人づくり革命　1．幼児教育の無償化」の実体化である。そこには，「①0～2 歳児は当面，住民税非課税世帯を対象に無償化　3～5 歳児はすべての子供を対象に，幼稚園・保育所・認定こども園を無償化　②2019（令和元）年 4 月から一部をスタートし，2020（令和 2）年 4 月から全面実施」とある。

　政府は，20 代や 30 代の若い世代が理想の子ども数をもたない理由は「子育てと仕事の両立の難しさ」だけではなく，「子育てや教育にお金がかかること」も大きな理由であり，そのことの解消が「少子化問題の解決の一方策」と考えたのである。また，1．生涯にわたる人格形成の基礎を培う幼児教育の重要性，2．幼児教育が，将来の所得の向上や生活保護受給率の低下等の効果をもたらすことを示す世界レベルの著名な研究結果，3．諸外国においても，3 歳～5 歳児の幼児教育について所得制限を設けずに無償化が進められている，ことも

表2-5　無償化される幼児教育・保育サービス一覧

| 年齢記号＼利用区分 | 保育所 認定こども園（保育部分）小規棋保育事業 事業所内保育事業 | 認定こども園（教育部分）幼稚園 | | 私学助成幼稚園 | | 認可外保育施設等 |
| --- | --- | --- | --- | --- | --- | --- |
| | 保育料 | 保育料 | 預かり保育料 | 保育料 | 預かり保育料 | 保育料 |
| 3～5歳児クラス | ○（延長料金は無償化の対象外） | ○ | ○（上限11300円） | ○（上限25700円） | ○（上限11300円） | ○（上限37000円） |
| 満3歳児（3歳になった日から最初の3月31日までにある子ども） | ／ | ○ | ×（利用する場合は自己負担） | ○（上限25700円） | ×（利用する場合は自己負担） | ／ |
| 市民税非課税世帯の満3歳児（3歳になった日から最初の3月31日までにある子ども） | ／ | ○ | ○（上限16300円） | ○（上限25700円） | ○（上限16300円） | ／ |
| 市民税非課税世帯の0～2歳児クラス | ○（延長料金は無償化の対象外） | ／ | ／ | ／ | ／ | ○（上限42000円） |
| 申請の必要性 | 新たな申請は必要なし | 申請（預かり保育料の補塡には「保育の必要性」認定）が必要 | | | | |

考慮し，この施策を実行に移すこととしたのである。

　実行に移された「幼児教育・保育の無償化」の範囲と補助金額等を表2-5に示す。もちろん，就学前の障害児の発達支援（児童発達支援センター等）についても，あわせて無償化を進められるし，幼稚園，保育所および認定こども園と児童発達支援センター等の両方を利用する場合は，両方とも無償化の対象とされている。また，幼稚園・こども園（教育部門児）の「預かり保育料」も実質無償化となるが，ここにおいて，"新2号"という「認定」が登場する。つまり，"1号"児として入園したが，保護者が新たに「就労」することによって「保育認定」が"新2号"として子どもにされることになる。すべての園において"1号"児から実質"2号"児へと大きく変容することとなる。

　平成から令和にかけて，これまでの施策の大きな柱は2つあった。1つは，「保育一元化による保育需要の拡大への対応」であり，もう1つは「子育て支

援対策」である。この2つは今後も重要視していかなければならない問題である。

　「教育・保育サービスの無償化」は①就学前教育の需要を喚起し，それによって将来の所得を向上させ，生活保護受給率の低下等を図る（子育て世代への投資に集中することで「全世代型社会保障」へと大きく舵をきる），②子育て世代への大きな負担となっている教育・保育にかかる金額を軽減させ，少子化を防ぐ，ことにあろう。これは，前者「保育一元化による保育需要の拡大への対応」ともいえる。しかし，同時に第2の課題「子育て支援対策」への対応も重要である。

　今，子育て困難家庭が増えている。児童（幼児）虐待も止まるところを知らない状態である。少子化を防ぐということは，何をおいてもまず「児童（幼児）虐待」を防ぐということであろう。幼保連携型認定こども園の目的に「保護者に対する子育ての支援を行うこと」が明記されている。幼稚園・保育所にもその機能の付与が法律上明記されているが，幼稚園・保育所に比べ，認定こども園が対象とする子どもは家庭の状況や年齢で限定されておらず，施設そのものが就学前すべての子どもを対象とできる点も大きい。その意味で，認定こども園において「子育て支援事業」をより充実・拡大していく必要性がある。その際，今後重要になるのは，子育て支援センターを開設し，そこに来る保護者の子育て支援を充実させればよいということではないという点である。センターに来ず，家に閉じこもって子育てをしている家庭，周りからみると問題と思われるが保護者は子育てについて全然問題と感じていない家庭などが，問題なのである。センター・ひろば型子育て支援では，「ストレスは感じているけれど支援を受けるほどではないと判断して，出かけづらい親子」に，支援は届かない。子育て中の孤立感は多くの親が感じることだが，小さな悩みも一人で抱えてしまうことで大きな悩みになってしまうことは，だれしもに起こりうるのだ。「待って」いるのではなく，「出かけていく」支援，いわゆる「家庭訪問型子育て支援」が今後より必要になっていくのではないだろうか。

　もう1つは，一元的保育施設の意味を問い直すということである。保育需要への対応という観点での一元化は当然であるが，「子どもの視点」を見失わないようにしなければならない。幼稚園であっても保育所であっても，そして認

定こども園であっても，そこにいるのは変わらない「子ども」である。どこにいるかは，保護者の都合によることが大きい。いずれで生活していても，子どもの「発達権・学習権」は等しく保証されなければならない。ただ単に「保育需要への対応」でのみ，幼保の一元化─幼保連携型認定こども園への移行を考えてはならない。保育者のほうも，解決しなければならない問題がある。長時間保育が常態化している保育所において既に問題になっているが，保育者間の連携をどう取るかという問題である。保育所の場合，子どもの在園時間が長いため，職員はローテーションを組む。開所7時から9時までを担当する保育者，9時から17時まで担当する保育者，その後閉所19時まで担当する保育者という感じである。そのようなローテーションの中で，子どもの見守りや変化をどうとらえて次の保育者に伝えていくか，また教材研究や職員会議の時間をどう確保するかが問題となるのは明白である。

　こうしてみると，ただ社会の都合で，大人の都合で，幼保を一元化しても，そのシステムがこなれていくにはまだまだ時間がかかりそうである。どんな子どもでも，幸せな幼児時代がおくれるよう，そして，すべての保護者が幸せな子育てと感じることができるよう，一歩一歩，保育制度改革を進め，前進してく必要があるといえよう。

▌ **この章の小課題** ▋▋▋▋▋▋▋▋▋▋▋▋▋▋▋▋▋▋▋▋▋▋▋▋▋▋▋▋▋▋▋
　1．日本で最初にできた幼稚園・保育所はどのような性格をもっていたのだろうか。
　2．なぜ，幼保一元化が求められるのか，社会的背景を踏まえて説明してみよう。
　3．現在の就学前教育・保育施設の種類を整理してみよう。
▋▋▋▋▋▋▋▋▋▋▋▋▋▋▋▋▋▋▋▋▋▋▋▋▋▋▋▋▋▋▋▋▋▋▋▋▋

# 保育士試験における保育原理の出題範囲

　保育士試験は筆記試験と実技試験に分かれていますが，筆記試験の中で「保育原理」の出題範囲は下記の通りです（「保育士試験の実施について」厚生労働省雇用均等・児童家庭局長通知　2018 年改正別添より抜粋）。

---

### 保育原理

**第1　出題の基本方針**

　保育の意義並びに保育の内容及び方法について体系的に理解しているかを問うことを基本とする。

　問題選択に当たっては，保育所保育指針の内容並びに児童の保育及び保護者に対する保育に関する指導を担う保育士の役割及び責務について，また，子育て支援等を含む保育の社会的意義など，保育に関する現代的課題に関しても配慮が必要である。

**第2　出題範囲**

　「指定保育士養成施設の指定及び運営の基準について」（平成 15 年 12 月 9 日付け雇児発第 1209001 号厚生労働省雇用均等・児童家庭局長通知）別紙 3「教科目の教授内容」（以下「平成 15 年通知別紙」という。）に定める教科目「保育原理」，「乳児保育Ⅰ」，「乳児保育Ⅱ」，「障害児保育」及び「子育て支援」の内容とする。

**第3　出題上の留意事項**

1　保育所保育指針の内容と保育の実際との関連を重視した出題が望ましい。

2　教育原理，子ども家庭福祉，社会福祉及び社会的養護の出題と十分関連をとって出題する。

3　出題範囲の改正に伴う経過措置として，当分の間，保育原理の出題については，改正前の出題範囲における保育相談支援の内容全般を理解していることを前提とした出題とする。

---

　保育の基本的な原理や保育に関する法令および制度，そして保育の思想や歴史など保育を学ぶ上で最低限，学ぶべき内容がこの保育原理（保育士試験科目）に盛り込まれています。

　これらの内容の多くは保育所保育指針の内容に盛り込まれており，保育士試験対策として，保育原理を学ぶためには，まず最初に保育所保育指針についてきちんと理解する必要があります。

　ただし，これらの項目のすべてに均等に試験問題が出題されるわけではなく，やはり出題者からすると「ここは大切である」「ここだけは覚えてほしい」などといったところが多く出題される傾向にあります。

　たとえば，保育士試験の設題は，例年，選択式 20 問が通常ですが，保育所保育指針から多く出題されています。また，保育の思想と歴史なども出題数に変化はあってもほぼ毎年出題されています。新たに加味された制度や改正された法令などもポイントとしては大切ですが，覚えれば必ず点が取れ，他の科目にも出題される保育所保育指針や歴史などを重点的に勉強するなど，要領よく学ぶことも大切かと思われます。

　歴史に登場する人物や施設などは過去の問題を分析してみると何度か同じ人物が登場することはよくあります。反対に「この人物は何をされた方なのかな」（単に筆者の勉強不足なのかもしれませんが…）など予想外の出題もあります。過去の問題については，保育士養成協議会のホームページからダウンロードできますし，出題傾向を示した参考書も多く出されているので参考にして下さい。

　ちなみに，かなり昔ですが筆者自身も社会福祉系の大学を出た後に，保育士試験を受験して資格を取得しました。その時は，最初に過去 5 年間ほどの問題をとりあえず解いてみました。その上で，出てきた問題の用語や人物名をノートにまとめるなどして覚えた経験があります。保育の分野は幅広いために苦手な科目もあるかもしれません。筆者の専門が保育や社会福祉の理論だったので，法令や制度などはなんとかなりましたが，心配だったのは，音楽関係と小児栄養（現在の「子どもの食と栄養」）関係で，楽譜が読めない，栄養素の用語が難しいと四苦八苦しました。苦手な科目でも最低 6 割の取得で合格することができます。あまり完璧主義にならずに，9 科目を幅広く勉強するとよいかと思います。

# 第3章 保育所保育指針における保育の基本

◆この章で学ぶポイント◆

1．保育所保育指針で示される保育の基本事項について理解しよう。
2．保育のねらいや内容，領域との関連性について知ろう。
3．保護者への支援に関わる保育士の専門性について深めよう。

## 第1節　保育所保育指針と幼稚園教育要領

　保育所あるいは幼稚園での子どもの様子や活動を眺めていると，子どもの生き生きとした姿がみられる。運動会や発表会といった園行事が迫った時期には1つの方向に向かって活動する子どもの様子が認められる。さらに登降園時や給食を食べ終えた後，自由に遊んでいる様子もよくみられる姿である。一見，自由にみえる，あるいは一斉的にみえる活動は何を基準として行われているのであろうか。保育所・幼稚園での活動を「保育内容」とすると，我が国での「保育内容」は各園の理念や目標，または地域の実情や園に通う子どもの家庭の状況を踏まえて実施されている。

　ところで各園での「保育内容」をはじめ，保育者は何を根拠として保育を行うのであろうか。我が国における保育の内容は保育所・幼稚園問わず，具体的な内容が決められているわけではない。ただ決まっているのは，保育所・幼稚園ともに保育の内容や運営を行うための最低基準だけである。我が国の保育に

対する方向は最低基準を示すことにより，各園での独自性や創意工夫を保証するとともに，保育所・幼稚園での保育の質を保証することを目指している。ここでは保育所保育における最低基準である「保育所保育指針」と幼稚園における最低基準である「幼稚園教育要領」について解説する。同時に2015（平成27）年4月から幼保連携型認定こども園（以下，認定こども園と略）が本格的に始動したことにともない，認定こども園における教育や保育の基本を示す「幼保連携型認定こども園教育・保育要領」にもふれていく。

## 1．保育所保育指針とは

　保育所保育指針（以下，指針と略）は，「児童福祉施設の設備及び運営に関する基準 第35条 保育の内容」の規定に基づき，保育所における保育の内容や保育に関連する運営等の事項について，定めたものである。

> 　保育所における保育は，養護及び教育を一体的に行うことをその特性とし，その内容については，厚生労働大臣が定める指針に従う。

　指針で定められる事柄はあくまでも保育についての基本原則に関するものである。具体的な保育活動は各保育所の実情や地域の実態，保護者の状況を踏まえて行われるもので，各保育所の保育目標や内容そのものの独自性や創意工夫といった裁量が認められている。その一方で，全国共通の基準を設ける意義として，子どもの健康や安全の確保，子どもの発達を保障する，ひいては子どもの最善の利益を保障するとの観点から，保育所における保育の水準や質を保障することにつながるのである。また，保育に対するガイドラインとして活用される意義を有することが特徴といえる。なお保育の目標については第5章で詳説する。

　指針は1965（昭和40）年に初めて制定された。当時から「養護と教育とが一体となつて，豊かな人間性をもつた子どもを育成する」ことが「保育所における保育の基本的性格」とされた。これは今日の保育を支える基本理念として現在に至る。途中，1990（平成2）年，1999（平成11）年，さらに2008（平成20）年に改定された指針からは厚生労働大臣告示とされ，保育のあり方に法的拘束力を有することとなった。2017（平成29）年にはさらなる子育て環境の変

化や幼児教育の推進のため大幅な改定がなされた。私たちが指針で示された事項を学ぶことは，保育を組織的・計画的に実践する上で基幹的な考え方になるだけにとどまらず，保育の質を担保する観点からも極めて重要とされるからである。

### 2．幼稚園教育要領とは

幼稚園教育要領（以下，要領と略）は学校教育法 第25条，および学校教育法施行規則 第38条により文部科学大臣によって定められるものである。要領では幼稚園における幼稚園教育の方針，教育課程や保育内容，指導計画の作成等が示されている。

要領は1956（昭和31）年，これまでの「保育要領」（1948［昭和23］年）を改訂して文部省によって作成された。その折「領域」という発想が導入された。その後，1964（昭和39）年から文部大臣告示となり，1989（平成元）年には6領域から5領域への変更，ねらいを「幼稚園修了までに育つことが期待される心情，意欲，態度など」と示すなど，現在の幼稚園教育の基盤となる改訂が行われた。1998（平成10）年には教育目標である「生きる力」を育む基礎としての幼稚園教育の方向が示された。2008（平成20）年，さらに2017（平成29）年には指針同様の理由により改訂がなされ，現在に至る。

## 第2節　幼保連携型認定こども園教育・保育要領

認定こども園における保育のあり方を定めたものが幼保連携型認定こども園教育・保育要領（以下，こども園要領と略）である。認定こども園は幼稚園と保育所の機能を併せ持った保育施設である。保育所は児童福祉法に規定された児童福祉施設であり，幼稚園は学校教育法に規定された教育施設である。両者の性格は異なるところもあれば，共通するところもある。幼保連携型認定こども園はまさに幼稚園と保育所，両者の機能を有する施設として今後，注目が集まる。こども園での保育のあり方はこれまで培った幼稚園での教育や保育所における養護と教育の一体化という理念を整合化している。

認定こども園における目標については次ページのように定められている。こ

れを受けて，認定こども園での具体的な教育・保育の方向を示すガイドラインとしてこども園要領が 2014（平成 26）年，内閣府，文部科学省，厚生労働省の告示として初めて示された。こども園要領も要領，指針同様，2017（平成 29）年に改訂された。

---

〈幼保連携型認定こども園における保育の目標〉

第 9 条　幼保連携型認定こども園においては，第 2 条第 7 項に規定する目的を実現するため，子どもに対する学校としての教育及び児童福祉施設（児童福祉法第 7 条第 1 項に規定する児童福祉施設をいう。次条第 2 項において同じ。）としての保育並びにその実施する保護者に対する子育て支援事業の相互の有機的な連携を図りつつ，次に掲げる目標を達成するよう当該教育及び当該保育を行うものとする。

1　健康，安全で幸福な生活のために必要な基本的な習慣を養い，身体諸機能の調和的発達を図ること。
2　集団生活を通じて，喜んでこれに参加する態度を養うとともに家族や身近な人への信頼感を深め，自主，自律及び協同の精神並びに規範意識の芽生えを養うこと。
3　身近な社会生活，生命及び自然に対する興味を養い，それらに対する正しい理解と態度及び思考力の芽生えを養うこと。
4　日常の会話や，絵本，童話等に親しむことを通じて，言葉の使い方を正しく導くとともに，相手の話を理解しようとする態度を養うこと。
5　音楽，身体による表現，造形等に親しむことを通じて，豊かな感性と表現力の芽生えを養うこと。
6　快適な生活環境の実現及び子どもと保育教諭その他の職員との信頼関係の構築を通じて，心身の健康の確保及び増進を図ること。

---

## 第3節　養護と教育の一体性

　指針「第 1 章　総則」において保育所における保育の特性として「養護及び教育を一体的に行うこと」が示されている。「養護と教育の一体化」という考え方は保育所保育の独特の概念であるとともに，保育所における保育を支える基本的な概念でもある。保育の場である保育所では豊かな人間性をもった子どもを育成するための視点としての「養護」，あるいは「教育」はどのようなことを指すのであろうか。

　指針において以下のように示されている。

---

「養護」：子どもの生命の保持及び情緒の安定を図るために保育士等が行う援助や関わり
「教育」：子どもが健やかに成長し，その活動がより豊かに展開されるための発達の援助

---

　保育所での保育は乳幼児が対象である。０歳である乳児は一人では生きてはいけない，か弱い存在である。いうまでもなく大人の保護養育が必要となるのだが，その基盤となる言葉が「養護」である。「養護」という行為は単純に生命保持に止まらない。人との関わりの基盤として情緒があり，情緒の安定を図ることで乳幼児の気持ちを育むことができるのである。さらに「養護」という視点は独立したものではなく，「教育」との視点と絡み合っているところも重要となる。

## 第4節　幼児教育を行う施設として共有すべき事項

### 1．育みたい資質・能力

　今般の改定では指針「第1章 総則」において「幼児教育を行う施設として共有すべき事項」として「育みたい資質・能力」および「幼児期の終わりまでに育ってほしい姿」が示された。その背景として保育所，幼稚園，認定こども園（以下，就学前施設）が幼児教育施設としての方向性を統一化することにより小学校との接続をよりスムーズになることが企図されることによる。

　「育みたい資質・能力」として指針では以下のように示されている。

---

　（ア）豊かな体験を通じて，感じたり，気付いたり，分かったり，できるようになったりする「知識及び技能の基礎」
　（イ）気付いたことや，できるようになったことなどを使い，考えたり，試したり，工夫したり，表現したりする「思考力，判断力，表現力等の基礎」
　（ウ）心情，意欲，態度が育つ中で，よりよい生活を営もうとする「学びに向かう力，人間性等」

---

　ここで示される「3つの資質・能力」は，第2章に示すねらいおよび内容に基づき，保育活動全体によって育むものであるとされている。

　多様な機能を有し，それぞれの役割が異なる就学前施設であっても幼児に対して「育みたい資質・能力」や「幼児期の終わりまでに育ってほしい姿」を共有することは健全育成の視点からも極めて意義あることである。子どもの生活は就学前施設を終了したからといって，断絶するわけではなく，小学校と接続し，連続して発達するものである。小学校以降の学校生活において子どもによってより豊かに展開するためにも，さらには子どもの生涯にわたる生きる基礎

を培うという視点からも保育士は共通理解をもって取り組むことが求められる。

## 2．幼児期の終わりまでに育ってほしい姿

　幼児期の終わりまでに育ってほしい姿（いわゆる「10の姿」）は，指針では以下のとおり示されている。指針第2章で示される「ねらい」および「内容」に基づく保育活動全体を通して資質・能力が育まれている子どもの小学校就学時の具体的な姿である。

> ア　健康な心と体　　イ　自立心　　ウ　協同性
> エ　道徳性・規範意識の芽生え　　オ　社会生活との関わり
> カ　思考力の芽生え　　キ　自然との関わり・生命尊重
> ク　数量や図形，文字などへの関心・感覚　　ケ　言葉による伝え合い
> コ　豊かな感性と表現

　「育みたい資質・能力」と「10の姿」は連動しており，保育活動全体を通して育まれていることが期待されており，保育士等が指導を行う際に考慮するものとされている。保育所では「育みたい資質・能力」と「10の姿」を認識し，園全体で共通理解することで保育所としての独自性を発揮する保育の実施が求められる。これらを活用しながら，子どもの発達をとらえて援助しつつ，子どもの成長を促すことで，子どもの具体的な姿を小学校へ伝達しやすくなる。指針では保育所の保育士と小学校の教師がともに子どもの成長を共有することを通して，幼児期から児童期への発達の流れを理解することも示されている。

## 第5節　保育の内容，領域の関係

## 1．保育のねらいと内容

　保育のねらいは指針「第2章　保育の内容」に提示されている。

> 「ねらい」は，第1章の1の（2）に示された保育の目標をより具体化したものであり，子どもが保育所において，安定した生活を送り，充実した活動ができるように，保育を通じて育みたい資質・能力を，子どもの生活する姿から捉えたものである。また，「内容」は，「ねらい」を達成するために，子どもの生活やその状況に応じて保育士等が適切に行う事項と，保育士等が援助して子どもが環境に関わって経験する事項を示したものである。

　さらに今回の指針改訂では，子どもの発達の連続性をより深くとらえるために 3 歳未満児の保育を「乳児」と「1 歳以上 3 歳未満児」に区分し，内容の充実を図ったことが特筆される。保育内容に関するねらいと内容も「乳児保育に関わるねらい及び内容」「1 歳以上 3 歳未満児の保育に関わるねらい及び内容」「3 歳以上児の保育に関するねらい及び内容」が示されている。乳児保育に領域の視点や幼児教育の方向性が含められたものになっている。なお指針「第 2 章　保育内容」では，最初に「基本的事項」でおおよその子どもの発達の姿が示された後，「ねらい」「内容」「内容の取扱い」，別立てとして「保育の実施に関わる配慮事項」が提示されている。

## （1）乳児保育に関わるねらいおよび内容

　乳児保育におけるねらいと内容について，以下の 3 つの視点が示されている。

> ア　健やかに伸び伸びと育つ
> 　健康な心と体を育て，自ら健康で安全な生活をつくり出す力の基盤を培う。
> イ　身近な人と気持ちが通じ合う
> 　受容的・応答的な関わりの下で，何かを伝えようとする意欲や身近な大人との信頼関係を育て，人と関わる力の基盤を培う。
> ウ　身近なものと関わり感性が育つ
> 　身近な環境に興味や好奇心をもって関わり，感じたことや考えたことを表現する力の基盤を培う。

　アは身体的発達に関する視点，イは社会的発達に関する視点，ウは精神的発達に関する視点としてまとめられている。これは乳児の発達を当初から厳密に区分していくのではなく，ゆるやかな視点でとらえていくことで発達の連続性を考慮しようとする試みでもある。ただし，後述する「保育内容 5 領域（健康，人間関係，環境，言葉，表現）」との重複や関係，影響はあるものの，年齢を重ねていくことにより，それぞれの側面が育っていくことが期待される。

## （2）1 歳以上 3 歳未満児の保育に関わるねらいおよび内容

　今回の改訂により，保育の「ねらい」および「内容」について，心身の健康に関する領域「健康」，人との関わりに関する領域「人間関係」，身近な環境との関わりに関する領域「環境」，言葉の獲得に関する領域「言葉」および感性と

表現に関する領域「表現」としてまとめて示されている。これは従来の「保育内容5領域」であり，1歳以上3歳未満児での保育で導入されたことは特筆すべき事項である。

### （3）　3歳以上児の保育に関するねらいおよび内容

　3歳以上児におけるねらいと内容は園の職種名称部分のみ異なるものの，幼稚園，認定こども園と共通化が図られている。これは先に述べた就学前施設が幼児教育施設としての役割が期待されるからである。

　今回の改訂は「幼児教育」が強調されている印象があるもの，保育所における「教育」は，いわゆる「早期教育」等に傾斜することが要求されているわけではない。保育所の理念である子どもの最善の利益を考慮しつつ，「教育」は「養護」とともに一体的に行われる営みであることはいうまでもない。特に「教育」に関わるねらいについては，就学前施設では知識・技術の修得ではなく，あくまでも基礎となるべきことを子どもが身につけていくことが重要となる。その中で「保育内容5領域」は子どもの発達を幅広くとらえるための視点とならなければならない。それは後述するように，保育での実践の中心が「遊び」であることに起因する。子どもにとっての「遊び」は自由なものであり，枠にはまらない活動である。さらにさまざまなことを含んで「遊び」は成り立っている。それゆえ「遊び」は総合的活動と称されており，遊びを多角的にとらえる視点としてねらいが設定されているのである。

## 2．領域との関わり

　保育内容を実践するとき，私たちが理解しなければならない重要な概念に「領域」がある。この概念は，保育所および幼稚園で使われる，独自の発想である。前述するように，領域の視点が「乳児保育」の基盤となり，「1歳以上3歳未満児」以降の保育からは子どもをとらえる発達の視点として「保育内容5領域」の位置づけがなされている。生活や遊びを基盤として保育がなされている。いうまでもなく「遊び」は決まった形や方法はなく，あくまで自由に展開される活動である。また「養護と教育の一体化」を実現するには，子ども一人ひとりの発達を見通した活動が求められる。そして子どもの主体性を育むことが中

心となる保育の場では特定の活動にならない配慮が求められる。ところが小学校以上では「教科」が設定され，「教科」に沿って教育課程の編成がなされる。教育課程は平易な内容のものから難解な事項，総論から各論へと学問的に系統づけられた形で展開される。保育の場で中心となる「遊び」は「教科」の発想や考え方はなじまないため，別の発想，すなわち「領域」が設定されるのである。「領域」での事項は，保育者が子どもの生活を通して総合的な指導を行う際の視点であり，子どもの関わる環境を構成する場合の視点として位置づけられている。

　その意味からも保育所，あるいは幼稚園における領域は，それぞれが独立した授業として展開される小学校の教科とは異なり，領域別に教育課程を編成したり，特定の活動と結びつけて指導したりするなどの取扱いをしないよう注意しなければならない。さらに領域の「ねらい」と「内容」の取扱いにあたっては，幼稚園教育における「領域」の性格，あるいは「領域」の意味づけを理解し，各「領域」で示される「内容の取扱い」を踏まえ，適切な指導が行われる必要がある。

## 第6節　遊びを通して総合的に行う保育

　指針および要領では，遊びをどう位置づけ，とらえているだろうか。

　保育所における保育内容の中心が遊びである。子どもは遊びを通じてさまざまなことを学ぶのである。その根拠について指針において「第1章 総則 1 保育所保育に関する基本原則 （3）保育の方法　オ」において「子どもが自発的・意欲的に関われるような環境を構成し，子どもの主体的な活動や子ども相互の関わりを大切にすること。特に，乳幼児期にふさわしい体験が得られるように，生活や遊びを通して総合的に保育すること。」が明記されている。

　また要領では「第1章 総則　第1 幼稚園教育の基本」の前文に「幼稚園教育は，学校教育法に規定する目的を達成するため，幼児の特性を踏まえ，環境を通して行うものであることを基本とする。」と方向が示されている。それを受けた形で「幼児の自発的な活動としての遊びは，心身の調和のとれた発達の基礎を培う重要な学習であることを考慮して，遊びを通しての指導を中心とし

て第2章に示すねらいが総合的に達成されるようにすること。」が示されている。

　乳幼児の教育や保育では遊びは重要な位置づけがなされている。つまり子どもにとっての遊びは「発達の基礎を培う学習」となるものとして明確にされているのである。ただしここでいう「学習」とは小学校のような知識・技術の修得といった狭い学力観を指す言葉ではない。物事に対して主体的に取り組む姿勢や客観的に観察する態度，あらゆるものへ興味・関心をもつことを学ぶことも重要となる。そこから子どもは真の学ぶ力，すなわち学力を身につけていくこととなる。子どもは遊びを通じて，人との関わりや感性，体への関心，言語，事象への興味・関心など，さまざまなことを身につけていく。それが小学校以降の「学習」の基礎となり，子どもの学びに向かう姿勢を養うために幼児期での「遊び」は必要不可欠であり，重要とされるゆえんである。

## 第7節　保育士の専門性と保護者との連携

### 1．保育士の専門性

　指針では保育所における保育の実施主体は保育に関する専門性を有する職員によってなされるとされる。その職員の中心となるものが保育士である。ところで保育士はどのような役割を負う専門職なのであろうか。保育士については「児童福祉法 18 条の 4」によって以下のように規定されている。

> 　この法律で，保育士とは，第18条の18第1項の登録を受け，保育士の名称を用いて，専門的知識及び技術をもつて，児童の保育及び児童の保護者に対する保育に関する指導を行うことを業とする者をいう。

　児童福祉法を受けて，指針において保育士は以下のように示されている。

> 　保育所における保育士は，児童福祉法第18条の4の規定を踏まえ，保育所の役割及び機能が適切に発揮されるように，倫理観に裏付けられた専門的知識，技術及び判断をもつて，子どもを保育するとともに，子どもの保護者に対する保育に関する指導を行うものである。

　さらに保育士として必要とされる専門性について，指針では以下のように提

示している。

> （1）子どもの発達に関する専門的知識を基に子どもの育ちを見通し，その成長・発達を援助する技術
> （2）子どもの発達過程や意欲を踏まえ，子ども自らが生活していく力を細やかに助ける生活援助の知識・技術
> （3）保育所内外の空間や物的環境，様々な遊具や素材，自然環境や人的環境を生かし，保育の環境を構成していく技術
> （4）子どもの経験や興味・関心を踏まえ，様々な遊びを豊かに展開していくための知識・技術
> （5）子ども同士の関わりや子どもと保護者の関わりなどを見守り，その気持ちに寄り添いながら適宜必要な援助をしていく関係構築の知識・技術
> （6）保護者等への相談・助言に関する知識・技術

　指針で示されているように，専門職である保育士には，保育に関する知識や技術，さらには倫理観に裏づけられた「判断」が強く求められるのである。保育士に求められる倫理観として，全国保育士会から倫理綱領が出されている。保育士としてどうあるべきか，個人として，さらに保育を支える組織の一員として見つめ直すことは専門職として課せられた責務でもある。そして保育内容等に関して，保育士は「自己評価」することが求められている（指針「第1章　総則　3 保育の計画及び評価　（4）保育内容等の評価　ア　保育士等の自己評価，第5章　職員の資質向上　1 保育職員に求められる専門性」）。保育士が「自己評価」する目的は，記録等を通じて保育を振り返ることで専門性のさらなる向上や保育実践の改善に資するために行われるものである。現在「PDCA サイクル」に基づく保育のあり方が強調されるが，課題を明確に，より質の高い保育を実践するために行われるべきものである。

　「自己評価」以外にも，専門職としての技量を維持・向上する機会として保育士には「研修」の機会が与えられている（指針「第5章 職員の資質向上」）。「研修」は文字通り，研究と修養と2つの意味をもつものである。「研修」では保育に関する最新の動向，制度の変遷，さらには保育技術の向上など，さまざまなものが実施されている。「研修」は時として目先の成果ばかりに目が向きがちとなるが，日々の保育を振り返る機会として，さらに自身の保育をより向上される機会として意識して臨むことが求められる。そして，「研修」で得られた成果を自分自身で留めておくことなく，職員会議の席上で研修での果を報

告したり，同僚の保育士に伝達したり，「研修」での成果を共有することは極めて有効である。

「研修」は保育所内で実施されるもの，あるいは保育所外で実施されるものがある。さらに職場で研修費用を負担する場合や自費で参加する場合もある。いずれにせよ，専門職として「研修」の機会を有効に使うことでさらなる自己研鑽を続けていくことが期待されるのである。

児童福祉法および指針において保育士の役割として子どもに対する保育に加えて，保護者に対して「保育に関する指導を行うこと」が明示されている。「指導」という言葉が威圧的な印象を与えるが，以下のような理解が適当である。

> 保護者が支援を求めている子育ての問題や課題に対して，保護者の気持ちを受け止めつつ行われる，子育てに関する相談，助言，行動見本の提示その他の援助業務の総体を指す。子どもの保育に関する専門性を有する保育士が，各家庭において安定した親子関係が築かれ，保護者の養育力の向上につながることを目指して，保育の専門的知識・技術を背景としながら行うものである。（「保育所保育指針解説」）

以上から保育士の役割は自身の保育に関する専門的な知識や技術，つまり専門性をもって，必要に応じて子どもの養育や保育について適切なアドバイスやサポートを行うことが求められていると理解される。日々の保育における子どもや保護者との関わりの中で常に「自己評価」をしつつ，状況に応じた判断をしていくことが保育士の専門性として欠かせないのである。それは保育士一人ひとりが努力するだけでなく，保育所全体が同様の努力を行うことが求められているのである。保育を実施主体である保育所自体が「自己評価」システムを構築することに加えて，いわゆる第三者から評価を含めることによって，より質の高い保育が実現されるのである。

現在，保育現場はさまざまな変化の波に飲み込まれている。特に子どもと同様，保護者との連携，保護者への支援が必要不可欠となる。次に保護者との連携と保育者の専門性について具体的に考えてみよう。

## 2．保育所における保護者との連携と保育士

指針の冒頭，保育所の職員は「家庭との緊密な連携の下」実施することとなっている。家庭との連携については，指針でも指摘されているように，保育を

実施するため，多岐にわたって「家庭との緊密な連携」が重要とされている。それは，子どもにとって保育所が「家庭」のような場所であることが求められるためである。さらに，子どもの生活の連続性を配慮するためにも「家庭との緊密な連携」は重要なものと位置づけられている。「家庭との緊密な連携」として，日々の送迎時での会話をはじめ，節目で行われる園行事や懇談会等，さまざまな場面がある。時として個別に相談を受け，援助しなければならないことも想定される。案件によっては保育所以外に外部機関との連携が必要とされることもある。緊密な連携については状況に応じた関わりが保育士や保育所に求められる。その際，特に配慮しなければならない事柄として，個別性があげられる。子どもを含めて，保護者や家庭の置かれている環境や状況は多種多様である。その中で画一的な支援は問題を深刻化させるだけでなく，後述する保育所における保育の理念にも関わるものとなる。子ども同様，それぞれの家庭に応じて，丁寧かつ的確な支援が求められる。

## 3．保育所における保護者への支援

　指針の第1章　総則　1.（1）保育所の役割で「家庭や地域の様々な社会資源との連携を図りながら，入所する子どもの保護者に対する支援及び地域の子育て家庭に対する支援等を行う役割を担う」ことが示されている。これを受けて指針「第4章」において保育士等の重要な業務の1つである「保護者に対する支援」について掲げている。保育所での子育て支援は利用者である保護者の他，地域で子育てをする保護者も対象としている点が特徴である。

　保育所を利用する保護者への支援の基本は保護者との相互理解が基本となっており，以下のように示されている。

---

　ア　日常の保育に関連した様々な機会を活用し子どもの日々の様子の伝達や収集，保育所保育の意図の説明などを通じて，保護者との相互理解を図るよう努めること。
　イ　保育の活動に対する保護者の積極的な参加は，保護者の子育てを自ら実践する力の向上に寄与することから，これを促すこと。

---

　さらにさまざまな困難を抱える保護者に対しては，個別の支援を基本とし，指針では以下のようになっている。

> ア　保護者の就労と子育ての両立等を支援するため，保護者の多様化した保育の需要に
> 　応じ，病児保育事業など多様な事業を実施する場合には，保護者の状況に配慮すると
> 　ともに，子どもの福祉が尊重されるよう努め，子どもの生活の連続性を考慮すること。
> イ　子どもに障害や発達上の課題が見られる場合には，市町村や関係機関と連携及び協
> 　力を図りつつ，保護者に対する個別の支援を行うよう努めること。
> ウ　外国籍家庭など，特別な配慮を必要とする家庭の場合には，状況等に応じて個別の
> 　支援を行うよう努めること。

　ここで保育所として注意しなければならない視点が「子どもの最善の利益」を考慮することである。保育所での保育を実現するために，保育所に入所する「子どもの最善の利益」を考慮することが指針で明示されている。同時にその福祉を積極的に推進するために最もふさわしいものでなければならないとされている。これは保育所での保育，さらには保育を支える根幹となす理念であるだけでなく，保育所が健やかな子どもを育てる責任を有していることを明確にするためのものである。保育はけっして保護者や保育所の都合で行われるものではなく，あくまでも子どもが優先されるものであるという点で見過ごしてはならない。

　今回の改定では「不適切な養育等」が疑われる家庭に対する支援も以下のように示されている。

> ア　保護者に育児不安等が見られる場合には，保護者の希望に応じて個別の支援を行う
> 　よう努めること。
> イ　保護者に不適切な養育等が疑われる場合には，市町村や関係機関と連携し，要保護
> 　児童対策地域協議会で検討するなど適切な対応を図ること。また，虐待が疑われる場
> 　合には，速やかに市町村又は児童相談所に通告し，適切な対応を図ること。

　保育所のもう1つの子育て支援の役割である「地域に開かれた」子育て支援については，以下のようになっている。

> ア　保育所は，児童福祉法第48条の4の規定に基づき，その行う保育に支障がない限
> 　りにおいて，地域の実情や当該保育所の体制等を踏まえ，地域の保護者等に対して，
> 　保育所保育の専門性を生かした子育て支援を積極的に行うよう努めること。
> イ　地域の子どもに対する一時預かり事業などの活動を行う際には，一人一人の子ども
> 　の心身の状態などを考慮するとともに，日常の保育との関連に配慮するなど，柔軟に
> 　活動を展開できるようにすること。

　加えて保育所の子育て支援事業として，一時預かり事業や延長保育事業等が

示されている（「子ども・子育て支援法」第59条）。そして，それを受けて，地域との関係機関との連携をし，地域全体で必要な事業を実施することとなっている。以下は指針の関係箇所である。

---

ア　市町村の支援を得て，地域の関係機関等との積極的な連携及び協働を図るとともに，子育て支援に関する地域の人材と積極的に連携を図るよう努めること。
イ　地域の要保護児童への対応など，地域の子どもを巡る諸課題に対し，要保護児童対策地域協議会など関係機関等と連携及び協力して取り組むよう努めること。

---

保護者との緊密な連携を図ることが指針で強調されていることは，よりいっそう保育所や保育士に対して保護者との関わりが求められているということにつながっているのである。

■ この章の小課題 ■■■■■■■■■■■■■■■■■■■■■■■■■■■■■■■

1．なぜ保育所保育指針が保育実践に必要なのか，考えてみよう。
2．保育所において「養護と教育の一体化」を実現するために保育士はどのような点に留意すればよいだろうか，考えてみよう。
3．保護者に対する連携や支援のあり方について，どのような形が望まれるか，考えてみよう。

■■■■■■■■■■■■■■■■■■■■■■■■■■■■■■■■■■■■■■■

# 保育士試験における実技試験のあれこれ

　保育士試験では，筆記試験で９科目すべてに合格すると，いよいよ実技試験になります。幼稚園教諭免許状の保持者などは免除されますが，ほとんどの人は避けて通れません。

　実技試験については，令和２年保育士試験受験申請の手引きでは，

　　　　実技試験は，指定保育士養成施設におけるカリキュラムとの均衡に配慮し実施します。また，保育所保育指針「保育の内容」の５領域における「ねらい」及び「内容」を達成するために，保育士として実践上必要な知識，技能，資質の観点から評価します

と示されています。実際には，

　　Ｂ　保育実習実技
　１　音楽に関する技術　課題曲の弾き歌い等
　２　造形に関する技術　保育の一場面を絵画で表現する
　３　言語に関する技術　課題（物語）について「３分間のお話」

　以上の３分野のうちから２分野を選択することで実技試験となっており，それぞれが，実際の保育現場における実技を想定しながら出題されるのが特徴です。また，造形（絵を描く）を除いて，筆記試験のように一斉に試験をすることができず，かつ一日に受ける受験者が多いことから，試験時間も極めて短時間に合否を判断することになります。

　筆者が過去に保育士試験を受験した時は，それこそ音楽（ピアノ）がまったく弾けなかったので，迷わず造形と言語に決めて受験しました。造形に関しては現在とほぼ同様で，色鉛筆で当日指定された絵を描くという課題でした。絵の才能がなく，授業中に黒板に描いた絵が不気味と言われたり，ネコ

を描くと馬を描いたのかと言われるほどにレベルの低いものでした。そのため，筆記試験が終わってからは，毎日1枚絵を描くことを心掛けていました。現場の保育者や学生など絵の上手な人は，何も考えずにさらっと上手な絵が描けるのですが，筆者の場合は，人の手を5本指に描く，顔を前向きと横向きに描く，いろいろな色を使って用紙に白紙の箇所がないように描くくらいしかできませんでした。あと描く時間が足りない…ので，とにかく時間内にすべて描けるように練習を繰り返しました。また，色鉛筆の種類はネットで調べた結果，最初は外国のメーカーの高価な色鉛筆46色とかをそろえました。ただ，あれこれ探しているうちに，試験当日は，筆者にとって一番描きやすかった百均ショップの色鉛筆を使いました。この経験を通して，ほんの少し，絵に自信がもてるようになりました。

　言語については，現在は，3歳クラスの子どもに3分間のお話をすることとし，物語も指定されています。これは絵本の読み聞かせではなく，いわゆる語りとか素話とか言われるように，絵本や道具を使わないで子どもの前で自分が保育士になったつもりでお話をするというものです。筆者の試験の時は，物語を自由に選ぶことができました。筆者が決めたのは『どうぞのいす』（香山美子作・柿本幸造絵　ひさかたチャイルド）でした。ウサギがイスを作って置いておくと，次々に動物がやって来て座るという比較的単純なストーリーなのですが，覚えようとすると次に出てくる動物の順番を間違えるなど意外と難しかったことを覚えています。冷や汗をかきながらなんとか合格しましたが，本来，保育者として，目の前に子どもがいることを想定すると，単純に物語を覚えているのみでなくさまざまな気遣いや配慮が必要になってくると思います。

　現在，実技試験については，各種の対策講座やネットなどでもさまざまな情報があふれています。また，You Tube でも「3分間のお話」として見本が紹介されています。単に保育士試験での合格を目指すなら，そのようなノウハウから学ぶことができますが，実際の保育現場で子どもたちを相手にどのような援助ができるのかと考えるともう少し違った勉強の仕方があるかもしれません。保育士試験で保育士資格を取得する場合は，保育士養成施設などのように保育所などへの実習がない分，事前に保育園でのボランティアや，子育ての経験のある場合は，その子育ての経験を通して子どもから学ぶことも大切にしてほしいと感じています。

# 第4章

# 子どもの発達と保育

◆この章で学ぶポイント◆

1.「発達」とは何かについての理解を深めよう。
2. 子どもの発達の特性とその道筋を知ろう。
3. 子どもの発達過程に応じた保育者の関わりのあり方を考えよう。

## 第1節　乳幼児期の発達特性

### 1.「発達」とは
#### （1）子どもが育つ，保育者が育つ

　「発達」という言葉を耳にしたとき，どのような場面がイメージされるであろうか。生まれたばかりの赤ちゃんが日に日に大きくなる，子どもがどんどん言葉を話せるようになっていく……「大きくなる」「できるようになる」「獲得する」このような場面に出会ったとき，そこに「発達」を感じることができるのではないだろうか。このような「大きくなる」「できるようになる」「獲得する」ことは発達の重要な一側面といえる。また，そのような目覚ましい「発達」の様相を示す子どもはまさに「発達する存在」だと感じるであろう。それでは，年を重ね，子どものように目に見えて「大きくなる」ことのない大人はどうであろうか。確かに，背が伸びたり，子どもが母国語を獲得するような大変なスピードで何かを獲得したりする，といったことは稀であるかもしれない。しか

し，日々の生活の中で，さまざまな人との交流や数々の経験を通して人は生涯変化し続ける。その変化は子どもの「獲得」のスピードや規模とは異なったとしても，である。このように，「発達」とは子どもの時期のみならず人が生まれてから（場合によっては受胎してから）死ぬまで一生涯続くものである，というのが発達心理学における「発達」のとらえ方である。

　保育においては，生涯続く発達の初期の段階にある子どもの発達を支えつつ，保育者自身も子どもや保護者との関わりやさまざまな経験を通して発達するのであるという認識をもつことが重要である。保育や子育てという営みは，子どもと保育者，子どもと親がそれぞれとの相互作用によって成り立ち，そして互いに育ち合う営みである。

## （2）発達の方向性

　とはいえ，生まれてから死ぬまで一生涯発達する，と聞くと，年を取って老化しても「発達」というのだろうか？と不思議に思う人もいるかもしれない。確かに「できるようになる」という「獲得」の側面を重視するならばそのように思われても仕方がない。しかし，年を取るということは必ずしも「できなくなる」「失う（喪失する）」「衰退する」ということばかりではないということが明らかになってきている。たとえば知能の発達をみると，ある側面では加齢に応じて低下がみられるものの，別な側面では生涯増加傾向を持続するということがわかっている（Baltes, 1987）。これは「おばあちゃんの知恵袋」などといわれるように，多くの人生経験を積んできた人ならではの知恵や知識を想像すると，うなずけるであろう。

　また，人には「獲得する（失う）」ことによって別な何かを「失う（獲得する）」ということがある。たとえばみなさんは幼児の記憶力に驚かされた経験はないだろうか。保育所等においても，まだ文字の読めない2・3歳頃の幼児が保育者から読んでもらった絵本をあたかも本当に文字を読んでいるかのように唱えながらページをめくり「先生ごっこ」をしている場面を目にすることがある。ところが，何度も読み聞かせている側の大人のほうはいざ思い出して唱えてみようと思うがなんとなくストーリーはわかっても正確には思い出せない，などということがある。大人は，子どものように何でもそのまま「丸暗記す

る」「覚える」というような行動方式をとらないからである。それは，覚えなくともその都度絵本に書かれている「文字」に大人が頼ることができるということであり，また，日々記憶する事柄が増えていく人生の中で「丸暗記しなくなる」こととひきかえとして，「必要なことを選択して覚えることができる」という一種の能力を獲得したということでもある。またそのような子どもの柔軟な記憶力を前に大人は「記憶力の低下」「物忘れ」を嘆く向きもあるが，その記憶力の低下を補うようにメモを取るなどの工夫を講じることができるのもまた発達の一側面である。大人だけではなく，子どもにおいても，より年長のクラスになるとこのような丸暗記の「先生ごっこ」のような遊びは影をひそめる。しかし，この「しなくなる」ことは発達の一側面であり，けっしてネガティブな事柄ではない。

　このように，人は「できる，できるようになる，するようになる」という現象と，「できなくなる，しなくなる」という現象との繰り返しの中で発達しているのである。これをバルテス（Baltes, 1987）は「発達の過程は，量的増大としての成長といった，高い有用性の実現へと単純に向かう過程ではない。むしろ発達は，全生涯を通じて常に獲得（成長）と喪失（衰退）とが結びついておこる過程である。」と述べている。また，子どもの「発達」は大人が期待するような行動を行うこと（できるようになること）でもけっしてない。大人がその対応に「困ったな」と感じる事柄，たとえば「ひとみしり」であるとか「反抗期」と言われるような時期などは，子どもの発達の表れである。このように「発達」を単純に「できるようになること」「獲得すること」のような一方向のみにとらえず，子どもの示すさまざまな方向性への変化や表しの中に「発達」を認め，それに寄り添う姿勢が保育者には求められる。

## 2．乳幼児期の発達と保育
### （1）乳幼児期の発達特性

　乳幼児期はこのような人の生涯発達においても，目に見えた変化の著しい時期である。この時期は特に，身近な大人との相互関係の中で，他者や自分自身に対する信頼感を得て，それを基本として自己を形成していく時期である。また，そのような大人との関わりの経験を基盤として，自らの世界を広げたり他

児と関わったりする中で発達していく存在である。そのため，保育者をはじめ
として周りの大人には，子どもの発信に対する豊かな「応答性」が求められる。

### （2）発達の理解と保育

　保育所保育指針では，総則の保育所保育に関する基本原則の中において「子
どもの発達について理解し，一人一人の発達過程に応じて保育すること」と明
記されている。保育は「子ども理解」の上に成り立つ。「子ども理解」をすると
いうことは，目の前にいる子どもたち一人ひとりの心身の発達の状態やその子
どものもつ特性を把握することに他ならないが，そのためには，人の発達の道
筋を理解し目の前の子どもの姿とその理論を結びつけることができなくてはな
らない。そのためには，これまでに積み重ねられた子どもの発達に関する知見
をきちんと修得すると同時に，身近に子どもの姿があれば興味をもってその言
動を眺めていただきたいと思う。大人とは違う子どもならではの考え方や物の
とらえ方など，ユニークな発見があるはずである。

　以下の節では年齢を軸とした子どもの発達の特徴を示すが，これは，○歳
（この時期）にはこれができなくてはならない，これができるようにしなくて
はならない，ということではけっしてない。子どもの発達の道筋や順序性をき
ちんと理解することによって，個人差の大きいこの時期の子どもたちの発達に
適切に寄り添い援助することができるということを示しているものである。

## 第2節　乳児期（0歳児）の発達と保育

### 1．乳児期（0歳児）の特徴
### （1）有能な赤ちゃん，能動的な赤ちゃん

　「寝ているだけ」「まだ何もできない」「まだ何もわからない」「まだ目も見え
ない」……一見，こんなふうに思われがちな「赤ちゃん」であるが，実はそう
ではない。赤ちゃんは周りの刺激を受け止めて学習することのできる感覚器官
（見る，聞く，味わう……等）をもって生まれてくるので，生まれたときから非
常に有能であり周りの環境（人・物・事柄など）に働きかけることのできる存
在である。たとえまだ歩けなくとも言葉を話せなくとも，でき得る方法で発信

する（泣く・笑う・声を出す・見つめる……など）ことで環境に働きかけ自ら
の欲求を表現し，またその環境から学んでいるのである。したがって，子ども
の周りには，子どもが働きかけることのできる豊かな刺激や，その働きかけに
応答する存在が必要であり，その環境とのやりとりによって子どもは自らの世
界を広げていくといえる。保育者はその環境を整え，また自らがその豊かな環
境の一部となり子どもの信号を受け止め応じる重要な存在である。

### （2）著しい成長の時期

　この時期は，子どもの身長や体重の発達が一生の中でも特に急激で著しい時
期である。運動面の発達も目覚ましく，昨日までつかめなかったものをつかむ
ことができるようになっていたり，寝返ることができなかったものが突然寝返
るようになり移動していたり……と，日々自分の意志で体を動かすことが可能
になっていく時期である。このような，身体面および運動面の発達は，単に大
きくなり移動できるという以上の意味をもっている。これらの発達にともない，
新規の事柄や事物に出会ったり，今まで見ていたのとは違った景色が目にうつ
ったりすることによって，子どもの世界は大きく変化をしていく。その世界の
変化にともない子どもの内面における認知や情動などの多様な側面の発達等も
同時に促進されるのである（姿勢が変わり見える景色が変わったら，声をたく
さん出すようになった，など）。また，そのような他の側面の発達が，さらなる
運動面の発達を促進する（あのおもちゃが欲しいから，手を伸ばしたら前に進
んだ！など）というように，各領域は互いに関連しながら発達している（これ
を「発達の機能間連関」という（本郷，2011）のである。

　保育においては，このようなさまざまな側面の発達の関連を念頭に置きなが
ら，著しい成長を示すこの時期の子どもと関わる必要がある。周囲の大人が，
子どもが「今」楽しんでいること・興味をもっていることに寄り添いそれを繰
り返すことによって，複合的で多様な側面の発達は促進される。

## 2．基本的信頼感：安全・安心である・守られている

　エリクソン（Erikson）は誕生から死に至るまでの心理・社会的発達を8つ
の段階に分け，理論化している。0歳児にあたる第1段階（乳児期）の発達課

題は「基本的信頼」である。基本的信頼とは「他人に関しては一般に筋の通った信頼を意味し，そして，自分自身に関しては信頼に値するという単純な感覚」と定義されている（Erikson, 1959）。これは，「自分のいる世界は安全・安心である，自分は守られている，何かあれば周囲の人は自分を守ってくれるであろう」という感覚である。また「自分はそのように守られるべき価値のある存在である」という感覚でもある。この感覚は人が生涯にわたり生活をしていく上で重要な感覚であり，これは乳児期に周囲の人との関わりの中で育つものである。

　乳児期の子どもは周囲の大人に守られ，世話をしてもらうことによって自らの生命を維持している存在である。このやりとりは一方的ではなく子どもと大人の相互のやりとりの中で行われる。お腹がすいた，おむつが濡れて気持ちが悪い，眠くて不快である，楽しい気分であるなど，さまざまな場面で子どもは「泣く」「声を出す」「笑う」などの行動で自らの欲求や感情を表現し発信する。すると，それに周囲の大人が応じ，おっぱいやミルクを与えたり，抱っこをしたり，笑いかけたりなど，子どもの信号を受け止めた対応をする。その際に単なる「お世話」のみならず「おなかすいたね〜」「ご機嫌だね〜」などといった情緒的な語りかけや表情や触れ合いがともなうことも重要である。このような日常生活における自然で情緒的な「求めれば与えられる」というやりとりの中で子どもは「安心であり安全であり守られている」という基本的信頼の感覚を獲得していくのである。

　すなわち，子どもの周りには，このように子どもの発信するさまざまな信号を受け止め，また情緒豊かに積極的にそれに応じる大人の存在が不可欠である。家庭における保護者のみならず，保育における保育者は，この基本的信頼感を育む役割を担っている。たとえまだ話すことのできない「赤ちゃん」であっても，情感豊かに語りかけ応じることがなにより重要であると認識し，日々の保育の中でそのような対応を心がけることが大切である。

　保育所保育指針および幼保連携型認定こども園教育・保育要領の 2017 年の改定においては，乳児保育に関する記載が充実したことが特徴の 1 つである。その中において，繰り返し「応答的」「受容的」という文言が用いられている。これは特に乳児期にこの基本的信頼の感覚を育むことを意識することが不可欠

であることによるといえよう。

### 3．大人との情緒的な絆と探索活動
#### （1）愛着関係

　「求めれば与えられる」という子どもの発信とそれを受け止める大人とのやりとりの中で，子どもは基本的信頼感を獲得していく。その繰り返しの中で最初はただ生理的に発していた子どもの発信行動が，自分の要求や感情を伝えるための社会的・心理的なものへとなっていく。その際，その発信に対して特に一貫して適切に応答する身近な大人との間には情緒的な絆が築かれる。この特定の人との間に築かれる情緒的絆を「愛着（アタッチメント）」といい，この絆が築かれた関係を愛着関係と呼ぶ。保育者には応答的かつ積極的に子どもと関わることによって，子どもとの愛着関係を築く役割がある。安定した愛着関係は子どもに情緒的安定をもたらし，子どもが世界を広げていくための基盤となる。

#### （2）安全基地と探索活動

　子どもにとって，愛着の役割の1つは探索活動の基盤となることである。愛着関係を築いた相手を「安全基地」として，子どもは生活空間を広げ，また興味関心を高め，安心した探索活動を行うことができる。安心して戻る場所（＝安全基地）があるからこそ，世界を広げていけるといえるのである。その意味で，安全基地となりうる保育者の存在は大きなものである。

　この時期の子どもは，吸う・なめる・触る・つかむ・叩く・投げる・見る・聞く……などさまざまな感覚と運動を組み合わせていろいろなことを知る時期であると言われている。また，自分と物・自分と他者との関係（自分が働きかけると周囲が変化する）ことに気づく時期でもある。そのため，この時期ならではの危険や事故（誤飲など）に配慮しつつ，子どもが自らの興味関心に基づいて十分に探索活動をしながら外界の事物にさまざまな感覚を使って働きかけができるような環境設定が大切である。

## 4．言葉の前の言葉：言葉の芽を育てる

　「ママ」「ワンワン」「マンマ」などいわゆる「言葉」を初めて話すのはおおよそ1歳前後である。とすると，この時期の子どもは「言葉」を話す前の時期といえる。ところが，言葉は突然1歳になってから育ち始めるのではない。まだ，話すことができないこの乳児期から，言葉の基礎となる「言葉の芽」が育っているのである。

　たとえば，「あーあー」などの発声（喃語）を行うことは，音を出すという練習のみならずその音によって周囲の人の注意を引くことができるということを体験し，それによってコミュニケーションの楽しさや発信の有効性を学ぶことにつながる。また，この時期の子どもの大好きな遊びの1つに「はいどうぞ」「どうもありがとう」「はいどうぞ」……と延々と続く大人とのおもちゃ等の物のやりとりがある。大人からみたら一見単調で簡単な行動ではあるが，順序よく物の受け渡しをするこのやりとりは，物に託した気持ちのキャッチボールをしているのであり，すなわちコミュニケーションの原型である。その他にも，名前を呼ばれると振り向く，物の名前を言うと持ってくることができるなど「わかる」ことは「話す」の基礎として大事である。さらに，自分の伝えたいことを指さしをして伝える（「みて！　わんわんいたよ！」「あれ，とって！」など）などのジェスチャー行為も，重要な子どもの「言葉」である。また，この時期は，子どもと他者もしくは子どもと物という二者だけの関係（二項関係）から始まり，物を介して他者との関係を結ぶ三項関係（子ども・物・他者）の成立へと移行する時期でもある。子どもが興味をもって眺めているものに大人が視線を合わせたり，子どもの注意を引くように大人が働きかけたりすることによって同じものに注意を寄せる（共同注意）ことができるようになる。その共同注意を基礎としてそのものについてやりとりをする，というこの三項関係は，言語的コミュニケーションにおいて「ある1つの話題について会話を交わす」構図と同じである。したがって，この三項関係の成立は子どもの言葉が育つ基礎として重要な事象であるといえる。

　このようにさまざまな言語を用いないやりとりや動作の1つひとつが，子どもが言葉を育んでいく基礎となるのである。言葉は「話せるようになってから」育てるものではない。乳児期においては，周囲の大人との豊かなやりとり

によってコミュニケーションの楽しさや言葉の基礎を獲得していくことが大切
である。

## 第3節　幼児期前期（1～2歳児）の発達と保育

### 1．幼児期前期（1～2歳児）の特徴
#### （1）行動範囲および興味関心の拡大

　身体的発達・移動運動能力の発達にともない，立つ・つたい歩き・一人歩き
……とその移動手段に変化がみられると同時に，探索活動がよりいっそう活発
になる時期である。あそこへ行きたい，あそこにあるものが欲しい，あの人の
ところへ行きたい……など，そういった子どものもつ欲求が，さらなる運動機
能の発達を促進し，またその身体運動の機能の発達が子どもの探索意欲をさら
に増すことにつながっている。また，自らの身体を自由に動かせることは，
「自分のしたいことを達成できる」という満足感から「自己」が育つ上において
も重要となる。乳児期以上に活動範囲が広がった子どもたちが，自らの周囲
に興味をもち，十分に探索活動を行えるように環境を整えることが保育者の役
割である。

#### （2）今，ここにないもの

　乳児期の子どもの世界は「今，ここ」の世界が中心であった。しかし，徐々
に，今ここにはない対象や，今この時に行われていない出来事について心に思
い浮かべること（表象）が可能になるのがこの幼児期前期である。まだ「言葉」
を話すことのできない子どもには指さし行動がよくみられる。この指さしは言
葉を使わずにコミュニケーションを図る道具としては便利であるが，今ここに
ないものをさし示せないという点では不便である。今ここにないものについて
言及するためには，それを心に思い浮かべた上でそれを表現する作業が必要に
なってくる。その役割をするために，指さしに変わる便利なものが「言葉」で
あり，初めての言葉（初語）が出てくるのがこの時期である。また，子どもが
心の中で目の前にない事柄についてイメージを膨らませ，それを何か別のもの
に見立てて遊ぶ（自分を以前見たテレビのヒーローに見立てる，目の前の積み

木を電車に見立てる，など）という象徴機能の発達も言葉の育ちにおいて重要な基礎となる。子どもがイメージ豊かに遊ぶことができるような環境を設定し，その子どもの表しに対して積極的に応答することがさらなる子どもの発達へとつながるといえる。

### （3）自我の芽生えと基本的生活習慣

　乳児期には大人に「お世話をしてもらう」存在であった子どもが，この時期には自らの意志で行動する行動の主体となる。これまでは「（自分が）お腹がすくと（お母さんが）すぐにおっぱいをくれる」などというように自らの欲求とそれに的確に対処してくれる人の存在によって自分と他者の間が曖昧であった。しかし子ども自身の欲求や興味関心の広がりにともない，すべては自分の思うとおりにいかない（しつけ等）ことによって他者との線引きが徐々に明確となり，自分と他者は違う存在であるということに気がつくのである。自我の芽生えである。また，鏡に映る自分の姿を認識したり，自分の名前を読んだり，自分の物と他者の物に明確に線引きをしたり，「自分で〜をしたい！」と主張することによってより「自分」というものを意識し明確化していく。この時期の子どもが，自分が使っているおもちゃに非常にこだわったり，いつも自分が座っている場所に他児が座ると激しく怒ったり，などの行動を示すことがあるが，これはその明確化の表れであり，育ちの証拠といえよう。

　このような自我の芽生えとともに，「自分でしたい！」「自分でできた！」という自律の気持ちは，基本的生活習慣の獲得に大きく寄与する。この時期の子どもは，食事・排泄・衣類の着脱など「自分でしたい」という気持ちを大切にしつつその獲得に向けて大人が寄り添う時期である。保育所保育指針においても，1歳以上3歳未満児の保育に関わるねらい及び内容において基本的生活習慣については「一人一人の状態に応じ，落ち着いた雰囲気の中で行うようにし，子どもが自分でしようとする気持ちを尊重すること」とある。この時期は上手にできることを目指すのではなく，子どもの「やりたい」という気持ちを大切にしながら，褒め励ましながらサポートをし，「やろうとした」「できた」という体験を積み重ねることが大切な時期である。またいずれの習慣の獲得に関しても，子どものもつ気質や家庭でのあり方などさまざまな背景を要因として非

常に個人差の大きいものであることを認識しておく必要がある。

## 2．言葉の育ち

　今目の前にないものを心に浮かべること（表象）やイメージした事柄を別な
もので見立てること（象徴機能）が言葉の育ちの基礎として重要であることは
上述した。これらを含め乳児期に育った「言葉の芽」を基盤として，初めての
言葉を話し（初語），徐々に自らの思いを言葉で表していこうとする時期である。
最初は「ワンワン」などの一語で自分の気持ちを表現する（ワンワンがいたよ。
ワンワンの絵本読んで。……など）一語文から，徐々に2歳にかけて「ワンワ
ン，ねんね」などの二語文が出現する。同時にしきりに物の名前を尋ねたりす
ることでものの名前等を学習し，語彙が急速に増加していく時期である。2歳
の終わり頃には，多語文・複雑な文章を用いることができるようになり，自分
の思いを言葉にして大人に伝えることが可能になってくる。このように，この
時期は量質ともに爆発的に言語を獲得していく時期である。しかし，その過程
においては，思うように言葉で言い表せなかったりうまく伝えることができな
かったりしてもどかしい思いをすることが多々ある時期でもある。子どもがよ
り豊かな言葉や表現方法を獲得していくためにも，また子どもの気持ちを受け
止めるためにも，周囲の大人は子どもの気持ちを代弁したり子どもの発した言
葉を繰り返したりすることによって言葉を使うモデルとなることが大切である。
同時に，子どもの言葉やそれ以外の表現にじっくりと耳を傾けて受け止める姿
勢によって，子どもが自ら言葉によって自分の気持ちを伝えたくなるような雰
囲気づくりをすることが大切である。

## 3．自己の発達

　先の述べたように「自我」が芽生え育つこの時期は，「自分でしたい！」「い
や！」などの自己主張が目立つ時期である。また，思い通りにいかないと泣い
たりひっくり返ったりかんしゃくを起して自分の気持ちを表すことも出てくる。
いわゆる「第一次反抗期」とよばれる時期であるが，保護者の間では「イヤイ
ヤ期」「魔の2歳」などと表現されることもあり，家庭においてもその対応に苦
慮することの多い時期である。

　周囲の大人がこの子どもの思いを育ちの表れとして積極的に受け止めることで，子どもの安心感・自信につながる。その上で，気持ちは受け止めつつ，行為として認められないときにはそれをわかりやすく伝えることにより，すべての自己主張が受け入れられるわけでないこと，また受け入れられやすい主張の仕方，などを学んでいくことにつながるのである。この時期の子どもが自らの気持ちを切り替えるためには，周りの手助けと見守り待つ存在が必要である。自我の育つこの時期だからこそ，「待つ」余裕が大人には求められる。

　同時に，この時期は，保護者がその「イヤイヤ」対応に苦慮する時期でもあるため，家庭との積極的な連携や情報交換がとても大切である。子どもの自我の育ちのみならず，その対応に不安を抱える保護者の気持ちにも寄り添う存在でありたい。

## 第4節　幼児期後期（3〜5歳児）の発達と保育

### 1．幼児期後期（3〜5歳児頃）の特徴
### （1）基本的生活習慣の確立
　幼児期前期において獲得し始めた基本的生活習慣は，幼児期後期に確実に身につき，5歳児の段階ではそのほとんどのことが自分でできるようになる。それは，自我の育ち，自己のコントロール，手指等の運動発達の発達，認知発達などこれまでに培うさまざまな能力に支えられてのことである。これらの発達に支えられた基本的生活習慣の確立は，「自分できちんとできる」という達成感と満足感によりさらなる自己概念の育ちへとつながるものである。

### （2）仲間の中での育ち
　これまでに築いてきた大人との関係を基盤として，集団生活において仲間との関係を築きその中での育ちがみられる時期である。大人と子どもの関係は，大人が積極的に子どもの思いを受け止めたり，汲み取ったりするいわゆる非対称の「タテの関係」である。それに対して，子ども同士は対等な「ヨコの関係」である。その関係においては，対大人であれば通じたコミュニケーション方法や自己主張が，子ども同士での関係ではスムーズに通じないということが出て

くる。このような試行錯誤のやりとりの経験の中で「仲間の中で通じる自分」というように自己を形成したり，遊びを通して子どもならではのイメージを育んだりトラブルへの対処をしたりと，この時期の子どもにとって仲間関係の果たす役割は大きい。子どもたちは楽しさを共感し合うことで安心できる仲間関係を築いていく。保育者はその子どもの育ちに合わせて，最初は保育者を介して子ども同士をつなぐことを意識し，また次第に子ども同士の関わりを見守る姿勢を通して仲間関係を育むことが求められる。

## 2．言葉の育ち

### （1）コミュニケーションを楽しむ

　幼児期前期に続き，理解し用いることのできる語彙が著しく増加する。3歳から4歳にかけては複雑な会話が可能になり，日常生活における言葉でのやりとりがスムーズにできるようになる。単に伝達の手段だけではなく，話しかけ応じてもらうこと，すなわち他者とのコミュニケーションを行うことを楽しく感じ，言葉を用いた他者とのやりとりが活発になっていく。話すことへの興味が高まり，保護者が「一日中しゃべっているみたい」などとそのおしゃべりの様子を表現するような多弁期がみられることもある。他者と言葉を交わすことは楽しい，と感じることは更なる複雑な言葉の獲得へとつながり，また同時に知的興味関心の高まりにもつながる。頻繁に，自らが気になったことを「なんで？」「どうして？」などと周囲の大人に問うような姿もみられる。時には，大人が答えに詰まるような質問をすることもあるが，必ずしも「答えが与えられる」ことを望んでいる場合ばかりではない。問うことによって，他者とのコミュニケーションを図りたいとの気持ちの表れであることもある。「○○ちゃんはどう思う？」などと問いかけることによって子ども自身が思いや考えを述べたり会話をしたりすることで，自分の気持ちを受け止めてもらえた，という心地のよい体験をすることが大切である。なにより，子どもの発する疑問や言葉に保育者自身が楽しみながら耳を傾けることが，子どもがよりコミュニケーションをとりたいと思う原動力となる。

## （2）言葉・文字への興味関心

　子どもは言葉を獲得していく過程は，周囲の言語の単なる模倣ではない。子どもなりに言葉に興味をもち，言葉のもつ規則性に気づきながら，積極的な学び取りをして獲得をしている。子どもは「正しく覚えてから使う」のではなく大人が用いる言葉，歌，絵本，などから耳にした言葉を実際に使ってみることによって「使いながら覚える」非常に能動的な学び手である。よって，大人からみたら「言い誤り」ともいえるようなくすりと笑ってしまう面白い言葉を生活の中で使うことも多々ある。子どもの発した言葉を否定・訂正することで「話したい」という気持ちを潰すことはせずに，大人が正しい言葉を使い続ければよい。また，この時期の子どもたちは，コミュニケーションの手段としてのみならず，言葉そのものに対しての興味が高まるため，言葉遊びや言葉を用いたなぞなぞ遊びなどを好んで行う姿もみられる。保育においても，言葉を用いた遊びを取り入れるなど，子どもの興味関心に添うことがさらなる豊かな言葉やコミュニケーション行動の獲得につながる。

　さらに，この時期は，話し言葉のみならず，文字などの読み書き言葉にも興味関心の高まる時期でもある。しかし「文字を教える」「覚える」ということに主眼をおくことは望ましくない。子どもは，日常生活の中でさまざまな形で「文字」に触れる。外を散歩する中で目にする看板の文字や車のナンバープレートに興味をもつ子どももいれば，自分の持ち物に書かれた名前などといった生活の中で自然に目にする文字を拾って読む子どももいる。絵本を読んでもらいながらその文字に興味をもつ子どももいる。保育の中では，子どもたちが自然に文字に触れることができるような環境設定が重要である。

　文字を書く，ということについても同様である。たとえば，話し言葉でのコミュニケーションを十分に行えるようになった子どもたちの中には，「お手紙」を書いて他者に渡すことを楽しむ子どもも出てくる。岡本ら（2004）は，幼児期によくみられる「文字のない絵だけの手紙」には，本来手紙のもつ「要件を伝達する」という側面と「相手との気持ちの交流を図る」という側面のうち後者を先に獲得した表れであると述べている。このように，他者と「お手紙」を通して交流したいと思う子どもの意欲があってこそ次なる書き言葉（文字）の獲得につながるのであると考えると，文字や言葉そして他者とのやりとりに充

分興味をもつということ自体がこの時期の子どもにとって大切なことであるといえよう。

## 3．認知機能の発達
### （1）もの・事柄に対する認知

自分を取り巻く世界の事物や人に対するとらえ方や，見方・考え方のことを「認知」とよぶ。子どもは，大人とは少し異なった見方で世界をとらえているようである。子どもには独自の「子どもの世界」が存在するのである。大人がこだわらないような場面にこだわってみたり，足を止めてみたりするのはそのためである。たとえば，量や数の理解においてそのもののもつ1つの知覚的次元（見た目）に基づいて多い少ないなどを判断してみたり（保存の概念の未成立），生命や意識をもたない事物にも生命や意識が存在するかのように振るまってみたり事物を人間のようになぞらえて表現したり（アニミズム・擬人化），などさまざまである。以下は新聞に投書された子どものつぶやきである。

【あのね】
・ママと公園でドングリを拾った。「おなかがすいたから帰ろうか」とママ。僕は「ドングリも逃がしてあげようか。おなかすかせてるでしょ」。
　　　　　　　　　　　　　　　　　　　　3歳男児　（朝日新聞，2014. 11. 16）
・外でリーンと音がして，ママが「虫さんが鳴いているよ」と教えてくれた。「じゃあ，お友だちになってあげる。えんえんって泣いてるから」。
　　　　　　　　　　　　　　　　　　　　4歳女児　（朝日新聞，2014. 10. 12）

このような子どもならではの認知は，大人より未熟であるということではけっしてなく，この時期の子どもたちの世界を豊かにしているといえる。子どもたちの豊かな発想や発言に耳を傾けることで子どもたちはよりいっそうイメージ豊かに遊びや生活を楽しむであろう。また，生活の中には大きさや長さ，数に関する事象があふれている。生活体験の中でそれらに自然に触れることでその認識を育んでいくことができる。

## （2）人に対する認知

　乳幼児期の子どもたちと「かくれんぼ」をしたことはあるだろうか。2・3歳の頃の「かくれんぼ」は非常にユニークである。ただ自分の顔を手で覆って「○○ちゃんいないよー」などといってみたり，丸見えの場所で身を固くし目をつぶりながら隠れたつもりになったりしている，などのほほえましい姿がみられる。かくれんぼが上手にできるためには，隠れている自分を客観的にイメージして相手（鬼）からどのように見えるのか，相手の視点に立ったイメージをもつことができなくてはならない。この相手の視点に立つ（他者の視点に立つ）ということは，幼児期を通して獲得していく力の1つである。この他者の視点を獲得していないと，目をつぶって隠れたつもり（自分からは何も見えないので，他者も同様に何も見えていないと思っている）などのユニークな行動がみられるのである（本人は真剣である！）。4歳を過ぎると，かくれんぼも徐々に上手にできるようになる。これは，他者の視点に立つことができるようになってきた表れでもある。

　また，自分と他者は異なった考えをもっているということを理解し，「自分が知っていること」ではなく「相手が知っていること」などから相手の行動を推測したり，他者の心や考えを推測したりできるようになる（心の理論の成立）のも幼児期の特徴である。

　他者の視点に立って考えたり他者の気持ちや考えを推測し汲み取って関わったりすることは，私たちが他人とうまく生活していく上で重要な事柄である。しかし，これは子どもたちにとって実は難しい事柄であり，それゆえに，身近な大人の手を借りながら他者・他児と関わることによってその関わりの中でじっくりと育んでいく必要がある。ときには保育者が子ども同士の気持ちや感情をくみ取り代弁して互いに伝えることによって，他者の心のあり方に気がつくきっかけとなる。

## 4．自己コントロール

　エリクソンが幼児期の発達課題として「自律」「自発性（積極性）」をあげているように，自己の育ちは幼児期を通しての重要な課題である。幼児期前期の自我の芽生えから第一次反抗期とさまざまな経験と大人を中心とした他者との

関係の中で自己を育ててきた子どもたちは，仲間との関係の中でさらなる自己コントロール（自己制御）の機能を育てていく。自己コントロールには自らの主張や欲求を明確にもちそれを他者に主張・表現する「自己主張」の側面と，自らの感情や欲求を抑制し社会や周囲の人に合わせ我慢する「自己抑制」の側面があるといわれている。ともすると和を尊び「他人に合わせる」「我慢する」ことが美徳とされる日本の文化においては「自己抑制」の育ちに注目されがちであるが，社会の中で自分というものを作り上げていくという意味で「自己主張」の力の育ちも同様に重要である。

　柏木（1988）によると，「自己主張」の力は3歳から4歳にかけて急激に上昇しその後は横ばいとなる一方で「自己抑制」の力は3歳から6・7歳にかけてゆっくりと上昇していくという。3歳を過ぎると，言葉が上達することもありこれまでただ「イヤイヤ」言っていたものが理屈っぽくなったりして反抗期にいっそう拍車がかかるように見えることがある。しかし，これは自分の意思を明確に主張するする力が伸びてきた表れであり，けっして周りの人を困らせようとしてのことではない。自己主張の気持ちを周囲の大人に受け止めてもらう経験を通して，また他児への自己主張でぶつかり合った際にも大人に気持ちを認めてもらうことで，子どもは自己主張の力を養っていく。また，そのような「理解してもらった」という体験を通して，我慢もしてみよう・相手の主張も受け入れてみようという自己抑制の力を伸ばすことができるのである。

　自己コントロールの発達やその表現には個人差が大きい。自分の意思をすぐに口に出して伝えることができる子がいる一方で，自分の思いを他者に伝えることが苦手な子どももいる。自己主張も自己抑制もバランスよく育つよう，その子ども一人ひとりに合わせた関わりが必要である。

## 5．仲間関係の中での育ち
### （1）遊びの発達

　幼児期後期は，「ヨコの関係」である仲間関係の中で育つことが重要であると先に述べた。子ども同士がつながる手段として「遊び」がある。この時期の子どもたちは遊びを通して仲間との関係を深めていく。認知機能の発達や言葉の発達，などさまざまな側面の発達を基盤とし，子どもたちの遊びはその内容

や形態を変えていく。たとえば，イメージの発達にともない，見たて遊び（ごっこ遊び）はより複雑で洗練されたものへと変化していく。お母さんが何人登場しても構わなかったおままごとから，登場人物ストーリーがしっかりとしたより豊かなおままごとへと変化していくのである。また，他児との関わりにおいても，3歳頃までは，同じ場所で同じような遊びをして他児が気になりながらも子ども同士の関わりがあまりないような遊びの形態が多くみられるが，4・5歳児になると，みんなで一緒に遊んだり会話をしたりしながら遊ぶ，役割分担・協力をして何かを作り上げる，ルールのある遊びを自分たちで提案し行う，などより仲間を意識した遊び方へと変化していく。そこには，楽しさの共有はもちろんのこと，他児とのイメージのずれややりとりの齟齬などトラブルも存在することとなる。このような仲間との遊びの時間を通して，子どもたちは，自己・他者の理解，課題の解決などをはじめとしたさまざまな力を身につけている。

## （2）ルールの理解

　社会生活においてはさまざまな規則（ルール）に基づき行動することが求められるが，子どもたちはこのことも遊びを通して学ぶことができる。ルールのある遊びを通して，ルールを守ると遊びが楽しく継続することや仲間とともに楽しむことができるなどの体験をする。この経験は，子どもが生活の中や社会において「ルール」があることを理解し，そのルールを守ることによってよりスムーズな生活を送ることができること，ルールは尊重されなくてはならないものであるが状況に応じてはその目的のために互いの同意の下で変更できることなどを学ぶことにつながる。以下に示した子どもたちの事例は，その過程にある子ども姿である。

【事例】
「しっぽ取りゲーム」のルール作りを通して
　「黄色チームのHくん，ずっと遠くにいるし，だれもつかまえられないよ。ずるいよ。あんなところまで逃げて。」と緑チームの子どもたちが口々に不満を言い始めた。H児は緑チームをだまって見つめた。
　そこで保育者は，「Hくん遠くまで逃げていったもんね。でも，Hくんはずるいのか

な？」と子どもたちに問いかけた。緑チームは「ずるいよ」という。「でも，グラウンドで
やっているんだからいいんじゃないの？」と黄色チームも言い返す。しばらく言い合いが
続いた。H児はその様子をみながら困った顔をしていた。
　保育者は以前サッカーゲームで起きた同様のトラブルを思い出し，「サッカーの時もこ
んなことがあったねえ。あの時はどうしたんだっけ？」と話しかけた。するとある子ども
が「サッカーのときは，どこまでもボールを追いかけてるから，線（コート）を引いたん
だよね」と言い出した。それを聞いた他児から「しっぽ取りも線を引けば？」「サッカーの
コートを使えば？」といろいろなアイディアが飛び交った。「それじゃあ逃げるのはサッ
カーコートの中だけでいいかな？」と保育者は確かめた。「いいよ！」「じゃあそのルール
でもう一度やってみようか」と新しいルールが加わってゲームを再開した。
　　　　　5歳児クラス　9月中旬（上越教育大学附属幼稚園，2006より一部抜粋・改変）


　このように，さまざまな遊びの経験を通して，またトラブルを経験すること
によって子どもたちは仲間との関係を深めながら自分たちで考え行動すること
も同時に学んでいることがわかる。保育者に求められるものは，子ども同士が
その関係性の中でともに育つことができるような適切な関わりと見守りである。


**■ この章の小課題 ■■■■■■■■■■■■■■■■■■■■■■■■■■■■■■■■■■**
　1．「発達」とは何か，自らの体験を振り返りながら説明してみよう。
　2．子どもの言葉の育ちを支えるための保育者の具体的な関わりを考えてみよう。
　3．「ルール遊び」にはどのようなものがあるか調べてみよう。
**■■■■■■■■■■■■■■■■■■■■■■■■■■■■■■■■■■■■■■**

# 保育者になるための就職先について

　本書をお読みの方は，「子どもと関わる仕事がしたい」「子どもに寄り添っていきたい」等，いろいろな希望をもって保育者を目指されていると思います。保育に関わる仕事は，本書でも紹介していますが，保育所以外にも，児童養護施設などの児童福祉施設，そして幼稚園などがあります。昔（20年前でしょうか）は，保育系の学生の多くは，保育所か幼稚園のどちらかを選ぶのに迷っていて，少し福祉に興味のある学生は児童養護施設などを就職先に選んでいました。

　最近では，認定こども園や，英語を教えるインターナショナルスクールなどの保育施設などもあり，新しい制度で紹介したように国から認可された小規模保育施設も登場してきました。

　大きくまとめると保育に関する就職先は，以下の通りです。

　　　①公立の認可保育所
　　　②私立の認可保育所
　　　③公立の幼稚園
　　　④私立の幼稚園
　　　⑤認定こども園
　　　⑥認可された小規模保育所や認可外保育施設
　　　⑦保育ママなどの家庭的保育
　　　⑧各種の児童福祉施設

　公立の保育所や幼稚園については，主に各市町村で一般職とは別に保育職として募集しています。応募の人数は若干名から20名などその市の規模やその年度の職員の充足率などによって変化してきます。最近では，保育士が慢性的に不足しているところが多く，比較的多くの人員が募集されています。また，臨時職員やパートなどで正規の職員を補っているところも多くありま

す。公立の場合，試験は通常，１次試験の筆記試験と２次，３次試験の面接
や実技試験を経て採用となります。１次試験は，各市町村で同一日に実施す
るところも多く，他市を受けられない場合もあります。また，公立は地方公
務員として採用されるため，地元に対する奉仕の精神が求められます。その
ため，そこに住む人が受験する方が有利な面もあますが，実際にはきちんと
した志望動機と筆記及び実技試験での実力が合否を決定します。

　私立の幼稚園，保育所の場合は，採用条件や採用試験は多種多様になりま
す。一般的には，その園の経営者が採用試験を考えます。筆記試験の他，面
接やピアノなどの実技試験に加えて，自分の園で実際に実習を体験すること
で合否を決めたりしています。私立の場合は，その園の保育・教育理念や
日々の保育の関わり方に共感することが大切であり，園側と就職を希望する
者がお互いに納得して就職を決めることが望ましいと思います。

　少しわかりづらいのは，公立と私立の中間のような存在で，たとえば，社
会福祉協議会や福祉公社，福祉事業団などのように半民半官のような形で保
育所を運営しているケースもあります。その場合は，その団体で募集してい
る採用試験を受けることが必要となります。

　認定こども園は少しずつ増えてきていますが，この場合，新規に設立され
た場合，元が保育所で幼稚園の機能が加わった場合，元が幼稚園で保育所の
機能が加わった場合などいろいろなケースがあります。これもわかりにくい
のは，名称が〇〇幼稚園であっても，認定こども園である場合や，また，〇
〇こども園という名称の園がすべて認定こども園かというとそうではなく，
市町村が独自の条件で認めた施設を〇〇こども園と読んでいる場合もありま
す。採用試験を受ける際には，たんに園紹介のパンフレットだけでなく，そ
の園の成り立ちや公式の文書などで確認する必要があるでしょう。

　あと保育所と幼稚園のどちらかを迷う学生がいます。乳児と関わる，（園
児は）夏休みなどの期間がある，そして中にはピアノが弾けるかどうかで選
ぶ学生もいますが，種別よりは園の方針で決めた方がよいと考えています。

　小規模保育所や認可外保育施設，そして保育ママなどは，結婚や子育てな
どで一度，保育士を辞めて再就職する場合，自分の経験が生かせて有利な面
もあります。最近では株式会社が園を経営することも珍しくありません。

　自分の適性を見極め，いろいろな視野を広げて就職活動をすることが大切
ではないでしょうか。

# 第5章

# 保育の目標と方法

## 第1節　保育の目標と方法，環境

### 1．保育の目標

　保育所保育指針「第1章 総則 1 保育所保育に関する基本原則 （1） 保育所の役割」には，保育所の特性として養護と教育を一体的に行うことが明記され，それを受けて保育所保育の目標が示されている。保育の目標は，「子どもが現在を最も良く生き，望ましい未来をつくり出す力の基礎を培う」という「養護と教育」と，「入所する子どもの保護者に対し，その援助に当たる」という「保護者支援」の2つの視点から設定されている。

　保育の目標について，保育所保育指針には次のように示されている。

---

〈保育の目標〉

　ア　保育所は，子どもが生涯にわたる人間形成にとって極めて重要な時期に，その生活時間の大半を過ごす場である。このため，保育所の保育は，子どもが現在を最も良く生き，望ましい未来をつくり出す力の基礎を培うために，次の目標を目指して行わなければならない。（養護と教育の目標）

---

> （ア）十分に養護の行き届いた環境の下に，くつろいだ雰囲気の中で子どもの様々な欲求を満たし，生命の保持及び情緒の安定を図ること。（養護）
> （イ）健康，安全など生活に必要な基本的な習慣や態度を養い，心身の健康の基礎を培うこと。（教育：健康）
> （ウ）人との関わりの中で，人に対する愛情と信頼感，そして人権を大切にする心を育てるとともに，自主，自立及び協調の態度を養い，道徳性の芽生えを培うこと。（教育：人間関係）
> （エ）生命，自然及び社会の事象についての興味や関心を育て，それらに対する豊かな心情や思考力の芽生えを培うこと。（教育：環境）
> （オ）生活の中で，言葉への興味や関心を育て，話したり，聞いたり，相手の話を理解しようとするなど，言葉の豊かさを養うこと。（教育：言葉）
> （カ）様々な体験を通して，豊かな感性や表現力を育み，創造性の芽生えを培うこと。（教育：表現）
>
> イ　保育所は，入所する子どもの保護者に対し，その意向を受け止め，子どもと保護者の安定した関係に配慮し，保育所の特性や保育士等の専門性を生かして，その援助に当たらなければならない。（保護者支援の目標）
>
> （第1章　総則　1　保育所保育に関する基本原則（2）保育の目標，（　）内筆者加筆）

## （1）養護と教育の目標

　保育の目標のアは子どもに関する目標であり，子どもたちの健やかな発達を保障するために掲げられている。（ア）は，生命の保持と情緒の安定を図る「養護の目標」であり，（イ）から（カ）が「教育の目標」である。この「教育の目標」は，5つの領域（健康・人間関係・環境・言葉・表現）に関わって設定されており，学校教育法 第23条に規定される幼稚園の目標と共通のものとなっている。保育の目標は養護的側面と教育的側面から示されているが，この2つは切り離せるものではないため，実際の保育の中では，相互に関連をもちながら一体として行うとされている。

　保育所では，ここに示された保育の目標を，一人ひとりの保育者が自分の保育観や子ども観と照らし合わせながら保育をするとともに，職員全体で確認しながら計画的に保育を進めていくことが求められている。

　子どもが保育所において，安定した生活や充実した活動ができるために，この保育の目標をより具体化したものが保育所保育指針の「第2章 保育の内容」に「保育に関わるねらい及び内容」として「乳児」「1歳以上3歳未満児」「3歳以上児」の発達過程に分けて示されている。

## （2）保護者支援の目標

　保育の目標のイは保護者に関する目標である。保育所は入所する子どもの保護者に対して，その意向や要望に耳を傾け受けとめ，子どもとの安定した関係が保たれるように配慮しながら適切に対応することが必要とされている。子どもの育ちを支えるためには，子どもを中心にして保育所と家庭が協力していくことが不可欠だからである。

## 2．保育の方法

　子どもは一人ひとり家庭環境や生活のリズム，発達が違う。同じ子であっても，日によって気分や体調が違うものである。保育の目標を達成するためには，家庭の状況，発達の状況，生活リズムなど，一人ひとりの子どもの実態を把握し，思いを受け止め，心の安定を図りながら成長・発達を促すように保育をしていくことが大切である。また，子どもは遊びを通して思考力，想像力，コミュニケーション力などを身につけていく。大人が目的を決めて活動を押し付けたり，画一的な保育をしたりするのではなく，子どもが生活や遊びに自発的に取り組み，満足感や充実感が得られるような保育をしなくてはならない。

　保育は保護者とともに子どもを育てる営みである。保護者と一緒に子どもを育てていくという視点から，保護者の気持ちを受け止めたり，子どもの成長をともに喜び合ったりして，保護者の養育力向上につながる支援も必要である。

　保育の目標を達成するために留意すべき保育の方法として，保育所保育指針には次の6つの事項が示されている。

---

**〈保育の方法〉**

- 一人一人の子どもの状況や生活の実態を把握したうえで，子どもの主体としての思いや願いを受け止めること。
- 乳幼児にふさわしい生活リズムとなるように配慮し，健康，安全で情緒の安定した生活ができる環境や，自己を十分発揮できる環境を整えること。
- 一人一人の発達過程や個人差に配慮して保育すること。
- 子ども相互の関係を重視し，個と集団の両面における成長を促すこと。
- 子どもが自発的，意欲的に関われる環境を構成し，生活や遊びを通して総合的に保育すること。
- 保護者の状況やその意向を理解，受容し，配慮しながら適切に援助すること。

　　（保育所保育指針　第1章 総則　1 保育所保育に関する基本原則（3）保育の方法より筆者要約）

---

## 3．保育の環境

　保育の基本は大人が教え込むことではなく「環境を通して行う」ことである。子どもは自ら環境に関わり，活動を展開し，さまざまな経験をする中で，豊かな感性や好奇心，探求心などが培われていく。

　保育の環境には人的環境，物的環境，自然や社会事象などがある。子どもの生活が豊かなものとなるように，保育所では下記の点に留意しながら，意図的，計画的に環境を構成することが必要である。

### （1）安全で安定した生活ができる環境

　子どもたちは安全を保障されていた家庭から離れ，保育所という未知の場で知らない人と一緒に緊張を抱えながら生活することになる。子どもの健やかな育ちを保障するためには，安心して過ごせることが第一である。保育所は，子どもが安心して遊んだり休息をとったりできるように，家庭的な親しみとくつろぎが感じられるような場にすることが必要である。

　また，子どもの健康や安全を守るために，保育所の施設は保健衛生的であるとともに，危険の防止や災害時の安全性にも配慮が必要となる。

### （2）興味や関心が広がる環境

　子どもは，目につく環境や遊具に興味や関心をもつと自ら触ったり動かしたりして遊び始め，次第に興味や関心の対象を広げていく。対象が広がることで，周りの友だちと一緒に遊ぶことも増え，保育所での生活も充実した楽しいものとなる。子どもが自ら興味をもって関わり，発達に必要な経験が得られるように，場や空間，遊具や用具，素材の種類や数量などを工夫し，魅力ある環境を構成することが大切である。また，保育所内外の自然環境を活用したり，遊びの展開に合わせて子どもと一緒に環境を再構成したりすることも必要である。

### （3）人との関わりを育む環境

　子どもは，信頼できる人との関係を基盤にして自分の感情や思いを表現できるようになる。保育者との間にできた人間関係をもとに，保育所での生活に必要な周りの子どもたちとの関係も育っていく。保育者は子どもにとって身近な人

的環境であることを意識するとともに，遊びの中で人とのやりとりを楽しみながら，子ども同士の関わりが促されるような環境を構成することが求められる。

## 第2節　保育の計画・実践・記録・評価・改善の過程の流れ

### 1. 保育の計画の必要性

　乳幼児期は，子どもが生涯にわたり自分らしく生きていくための基礎を築く上で大切な時期である。乳児期に愛着関係ができた子どもは，幼児期になると生活の場が広がり，周囲の事物や現象に興味を持ったり他者への関心を深めたりして，自ら関わる力を身につけていく。このように，子どもが生きる力を発揮し心身ともに健やかに育つためには，一人ひとりの育ちを見通し，発達過程を押さえた計画性のある保育をすることが必要である。

　そのため保育所では，保育目標を明確にして，その目標を達成するために0歳から就学前までの育ちを見通し，子どもの実態に応じた計画を立てることが求められる。

### 2. 保育の計画とは何か

　「保育の計画」とは，子どもの生活全体を通して保育の目標が達成できるように計画された「全体的な計画」と，実際の保育をするための具体的な「指導計画」の2つのことで，どの保育所においても作成するべきものである。

　「全体的な計画」は，各保育所の保育の目標や方針に基づき，子どもの発達過程に合わせて，経験すべき内容が総合的に展開されるように作成されたカリキュラムであり，保育所保育の全体像を包括的に示した基本となる計画のことである。

　「指導計画」は，全体的な計画に基づいて保育目標や保育方針を具体化する実践計画で，大きくは，「長期的指導計画」と「短期的指導計画」に分けることができる。「長期的指導計画」には「年間指導計画」「月間指導計画」などがあり，「短期的指導計画」には「週案」「日案」などがある。

　保育の計画は，子どもの発達や生活の連続性に配慮したものであり，保育所の保育期間の全体を通して一貫性をもって立てられることが重要である。保育

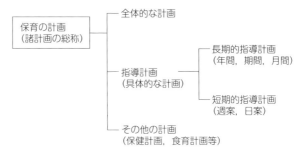

**図 5-1　「保育の計画」の関係図**

の計画について図式化すると図5-1のようになる。

## 3．保育の計画から評価まで

　全体的な計画や指導計画は，一度作成すれば変わらないというものではない。計画を基に保育実践をし，その実践を振り返り省察することで計画は修正されて次の保育につながっていく。日々の保育の反省や省察から，日案が修正され，それが週案の省察につながり，月案の見直しになり，全体的な計画の見直しになるというように，循環を繰り返していくということである。計画の作成→実践（保育の展開）→省察・評価（振り返り）→改善（保育計画の見直し）のサイクルを「保育の過程」といい，図式したものが図5-2である。

　このように実践が積み上げられていくことで，次第に保育が改善され保育の

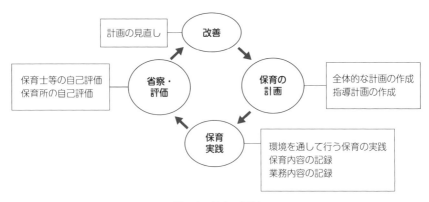

**図 5-2　保育の過程**

質の向上が図られていくのである。

## 第3節　全体的な計画と指導計画

### 1．全体的な計画
#### （1）全体的な計画とは

　子どもを取り巻く社会の変化につれて，保育所の社会的役割はますます大きくなり，保育所全体が組織として計画的な保育を展開し，保育の質を向上していくことが求められている。

　「全体的な計画」とは，各保育所の保育の姿勢を示した計画のことで，保育所保育指針「第1章 総則」に示された「保育の目標」を達成するため作成された，保育の基本となる計画である。

　子どもが心身ともに健やかに成長する姿を見通しながら，発達過程に応じた保育をするためには，保育の方向性を示す全体的な計画の作成が必要となってくる。

　「全体的な計画」について，保育所保育指針には次のように示されている。

---

〈全体的な計画の作成〉

ア　保育所は，1の（2）に示した保育の目標を達成するために，各保育所の保育の方針や目標に基づき，子どもの発達過程を踏まえて，保育の内容が組織的・計画的に構成され，保育所の生活の全体を通して，総合的に展開されるよう，全体的な計画を作成しなければならない。

イ　全体的な計画は，子どもや家庭の状況，地域の実態，保育時間などを考慮し，子どもの育ちに関する長期的見通しをもって適切に作成されなければならない。

ウ　全体的な計画は，保育所保育の全体像を包括的に示すものとし，これに基づく指導計画，保健計画，食育計画等を通じて，各保育所が創意工夫して保育できるよう，作成されなければならない。

（第1章　総則　3　保育の計画及び評価（1）全体的な計画の作成）

---

　保育所は保育を必要とする乳幼児を保育する場である。1日8時間の保育を原則としているが，保護者の労働時間や家庭の状況等から延長保育，夜間保育などが行われ，入所している子どもにより保育時間や保育期間も異なる。

　全体的な計画は，保育時間や在籍期間の違いにかかわらずすべての子どもを

対象とし，乳幼児期に共通する発育・発達の過程を基盤に，家庭や地域などの状況も踏まえて，子どもの育ちに関する長期的見通しをもって作成することを重視している。

　全体的な計画は，毎年大幅に変わるものではないが，見直しは折に触れて行い，修正し，より子どもや家庭や地域の実態に合うものへと改善していくことが望まれる。

　全体的な計画には，保育所運営の基本，保育目標，保育内容など保育の根幹に関わることが簡潔に記されているため，全体的な計画を見ればその保育所がどのような保育を目指しているか，子どもがどのような生活や遊びを繰り広げようとしているのかが理解できる。

## （2）全体的な計画の作成

　全体的な計画は，子どもの最善の利益を保証するために，発達の過程を踏まえて保育のねらいおよび内容が総合的に展開されるように作成されなければならない。

　全体的な計画は，施設長の責任の下に保育所の全職員がこれまでの記録や資料を持ち寄り，子ども観や発達観，保育観を共通理解して，協力しながら特色あるものを作成することが必要である。また，それぞれの地域の特性や保護者の思いを受け止めることが求められるが，なによりも子どもの最善の利益を考えなければならない。

　計画の作成にあたっては，以下の点に留意する。

- 保育所保育指針に示された発達過程やねらいを参考にして，それぞれの保育所の実態に合わせてねらいや内容を構成する。
- 保育のねらいおよび内容は，養護と教育が一体となって行われるように工夫して組織する。
- 保育所と家庭の生活の連続性を尊重し，家庭との連携も視野に入れる。
- 小学校以降の教育や生活につながることを認識し，充実感がもてるようにする。

### （3）作成の実際

　保育所の職員全員が参加して作成することで，職員個々の保育の方向が明確に意識化され，全職員が共通認識の下，計画的に保育を展開することにつながっていく。作成の手順は以下のようである。

　　①基礎的事項について確認し，共通理解を図る。

　　　・児童憲章，児童福祉法，児童福祉施設の設備及び運営に関する基準などの関係法令や保育所保育指針について共通理解する。

　　　・子どもの実態，家庭や地域の実態，保護者の意向などを把握する。

　　　・乳幼児期の発達の特性，発達過程を把握する。

　　②保育目標を設定し，職員間で共通理解を図る。

　　　・実現に向けて取り組む共通のねらいである保育理念や保育目標，保育方針について確認し，理解を深め合う。

　　③乳幼児がどのような発達をするか，発達の過程を見通す。

　　　・発達の節目を探り，どの時期にどのような生活が展開されるかなど，長期的な発達を見通す。

　　　・発達の過程に応じて，保育目標がどのように達成されていくか予測する。

　　④発達にふさわしい生活が展開されるように，ねらいと内容を組織する。

　　　・発達の各時期に展開される生活に応じて，保育指針第2章に示す事項を踏まえ，具体的なねらいや内容を設定する。

　　⑤計画に基づき保育した結果を省察・評価し，改善を図る。

## ２．指導計画
### （1）指導計画とは

　指導計画は，全体的な計画を基に作成される実践のための具体的な計画であり，日々の保育を円滑，かつ適切に展開するために作成されるものである。指導計画は，「ねらい」「内容」「環境の構成」「予想される子どもの活動」「保育者の援助や配慮」「家庭との連携」などで構成されており，形式は一定ではなく，保育所ごとに独自に作成されている。

　指導計画は，全体的な計画に示されているねらいや内容を基に，一人ひとり

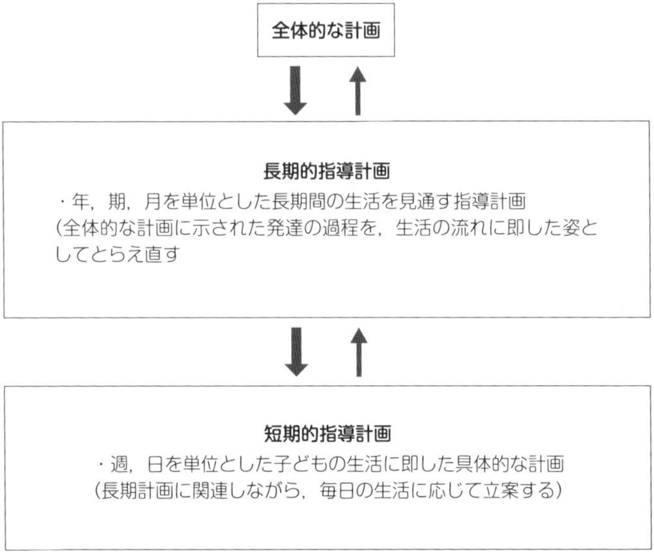

**全体的な計画**

**長期的指導計画**
・年，期，月を単位とした長期間の生活を見通す指導計画
（全体的な計画に示された発達の過程を，生活の流れに即した姿と
してとらえ直す

**短期的指導計画**
・週，日を単位とした子どもの生活に即した具体的な計画
（長期計画に関連しながら，毎日の生活に応じて立案する）

・それぞれが単独に計画されるのではなく，常につながりを意識することが大切である。
・図の上から下に向かってより具体的に，明確になるように作成していく。

**図5-3　全体的な計画と指導計画の関連**

の子どもに必要な体験が得られるよう，発達の見通しをもって作成することが
大切である。子どもを深く理解した上で立てられた指導計画に基づいて保育を
展開することで，どの子も意欲的に取り組むことができ，そのことが子どもの
主体的な生活や遊びを支えることへとつながっていく。

　指導計画には年間指導計画，月間指導計画などの「長期的指導計画」と，週
案，日案などの「短期的指導計画」があり，全体的な計画との関連については
図5-3のようである。

### （2）長期的指導計画（年・期・月）

　年間指導計画は，1年間という長期にわたる子どもの発達や生活を見通した
計画である。また，子どもの集団適応には段階的変化があり，自然や社会事象
との関連で生活に節目が生じる。そのような子どもの発達や生活の節目に配慮
し，1年間をいくつかの期に区分して保育の内容を計画した期の指導計画，月
の指導計画などもある。いずれの計画も作成にあたっては，これまでの実践の

反省や記録を生かし，それぞれの時期にふさわしい生活が展開できるようにすることが大切である。

### （3）短期的指導計画（週・日）

　長期的指導計画を基に，日々の子どもの姿に合わせて保育の展開を計画したもので，主なものには週案や日案がある。目の前の子どもの実態から子どもの育ちにとって必要なものは何か考え，ねらいや内容，環境の構成，保育者の援助などを具体的に作成する。長期的指導計画との関連性や生活の連続性を大切にしたい。指導計画とは別に，デイリープログラムと呼ばれる1日の生活の流れを示した年齢別の日課表がある。デイリープログラムは，食事，排便，睡眠，休息，遊びなどの生理的周期を軸にして生活の流れを時間的に位置づけたものであり，子どもの活動とそれに対する保育者の配慮で構成されている。

## 第4節　指導計画の実際

### 1．指導計画の基本的要素

　指導計画を作成するには，①子どもの発達を見通し，一人ひとりの子どもが現在どのような発達の過程にいるかとらえる，②全体的な計画で設定したねらいや内容から，その時期に合ったより具体的なねらいと内容を導き出す，③これらをもとに子どもの活動を予想し，環境の構成や保育者の援助を明確にするという手順で作成されることが多い。指導計画を構成する基本的要素は，子どもの姿，ねらい・内容，環境の構成，予想される子どもの姿（活動），保育者の援助などであり，作成にあたって考慮すべきポイントは次のようである。

### （1）子どもの姿

　子どもの発達の過程を見通しながら，一人ひとりの発達の実態やクラス，グループに共通する育ちをとらえる。保育を振り返りながら，子どもたちが何に興味や関心をもっているのか，物や人とどのように関わっているのかなどの子どもの姿をとらえていく。集団の育ちを視野に入れながら，一人ひとりの発達する姿を位置づけていくことが大切である。

## （2）ねらい・内容

　全体的な計画で設定したそれぞれの発達時期のねらいや内容から，その時期のより具体的なねらいと内容を導き出す。ねらいや内容の設定には，子どもの育ちを見通したり生活の連続性を考慮したりしながら，その時期の発達課題を具体的にしていくことが必要である。

　長期の計画は，包括的で具体性に欠けるねらいや内容になりがちであるが，短期の指導計画では，子どもの生活や遊びの姿から，子どもがどのような経験をすることが必要なのか，保育者はどのような育ちを期待しているかなど具体的にしていくことで意図的に保育をすることができる。

## （3）環境の構成

　子どもの姿やねらい・内容を基に，子どもに必要な経験を明らかにし，環境の構成の具体化を図る。環境の構成で大切なことは，子どもの発達する過程を見通して，その時期に必要な経験ができるように時間の確保，場や空間，用具や遊具，素材や材料などを考えることである。

## （4）予想される子どもの姿（活動）と保育者の援助

　活動する子どもの姿を予想し，保育者の援助を明確にする。子どもが環境に関わってどのような活動を展開していくのかを予想するためには，子どもの視点に立って行うことが大切である。保育者の援助は，予想される子どもの姿を基に，いつ，どこで，どのような援助を行うのか，ねらいや内容にそって検討することが必要である。

## ２．指導計画の作成

　保育者はそれぞれに保育観や子ども観が少しずつ違う。子ども理解や保育の方法などもそれぞれの持ち味があるため，職員が考えや意見を持ち寄り検討することでよりよい指導計画になっていく。指導計画は，乳幼児期にふさわしい生活の中で，一人ひとりの子どもに必要な体験が得られる保育が展開されるように具体的に作成する。また，指導計画はあくまでも計画なので，修正や変更がしやすいように柔軟性のあるものにする必要がある。

　前年度（先月，先週，前日）の保育を反省し記録していくことで，より子どもの実態に合った指導計画になっていく（月間指導計画の例，表5-1）。

## 3．指導計画作成で留意すること

　保育所はそれぞれに特色があり，入所している子どもの状況，クラス編成，保育時間などはさまざまである。指導計画の作成にあたっては，保育所の状況に応じたきめ細かな配慮が必要となる。

　主な留意点は以下のようである。

- 3歳未満児は心身の発達が著しく個人差も大きいため，一人ひとりに応じた個別の指導計画が必要である。職員同士の連携や家庭との連携を大切にして，健康や安全に配慮する。また，保育者はゆったりと子どもに関わり情緒的な絆を深められるようにする。
- 3歳以上児の保育ではクラス集団を基にした指導計画が基本になるが，子どもが集団の中で自己を発揮しながら主体的に活動できるようにし，一人ひとりの育ちを大切にする。
- 異年齢でクラス編成がされている場合は，子どもの発達の差が大きいため，個々の育ちの違いをしっかりとらえ，遊びが充実するように環境の構成や援助についても十分配慮する。
- 活動と休息，緊張と開放感の調和を図り，子ども一人ひとりの成長に合わせて午睡したり体を休めたりできるようにする。
- 保育所で長時間過ごす子どもには，一日の生活の流れを見通し，生活リズムを大切にしながら，子どもが落ち着いて過ごせるように，職員の協力体制，家庭との連携なども指導計画に位置づける。
- 障害のある子どもには，一人ひとりの発達過程や障害の状況を把握しながら集団の指導計画の中に位置づけ，子どもが安定して生活し自己発揮できるように見通しをもつ。また，支援のための個別の指導計画も必要である。

## 4．指導計画を基にした保育の展開

　指導計画はあくまでも保育の見通しや予想なので，実際に保育を行う場合に

## 表5-1　月間指導計画の一例　7月5歳児（愛知県弥富市A保育所）

| 子どもの姿 | ねらい・内容 |
|---|---|
| ・汗で汚れた衣服に自分から気づき着替えなどの始末を行っている。<br>・着替えた衣服をたたまずにしまう子もいるが，丁寧にたたんでしまおうとする姿も見られる。<br>・小さい子との合同の生活を楽しみにしている。<br>・育てている野菜の成長を観察し，花から実への変化，色の変化などを不思議に感じたり，草むしりや水やりをしながら友だちや保育士に伝え合ったりしている。<br>・小動物のお世話を進んで行っていて，小動物の小さな変化も感じている。<br>・自分の考えや思いを友だちとそれぞれに主張し合い，うまく伝わらずに遊びが続かないこともあるが，あきらめないで自分の思いを伝えようとする姿も見られる。<br>・しゃぼん玉や色水や舟作りを楽しんでいる。<br>・砂，土，水の感触を体中で感じながらダイナミックに遊ぶ。<br>・プールに慣れ，プール遊びを楽しむ姿が見られる。<br>・交通安全指導に参加する。<br>・防災訓練に参加する。<br>・消火避難訓練に参加する。<br>・野菜のお世話を進んで行っている。 | ○夏の生活の仕方を知り，健康に過ごす。異年齢児で生活する中で，年下の子に優しくしたりお世話することを喜ぶ。<br>・夏の健康な生活の仕方や手順が分かり，自分から進んで行う。<br>・水分の補給や汗の始末を自分で気づいて行う。<br>・合同生活での約束事を知り，年下の子のお世話をする。<br>○夏の自然事象や身近な動植物に興味や関心を持ち，触れたり観察したり調べたりする。<br>・身近な動植物の世話をする中で，成長や変化に関心を持ち，疑問に思ったことを調べる。<br>・星や空，宇宙などにも興味や関心を持つ。<br>○自分の思いや考えを出しながら友だちと一緒に遊ぶ楽しさを味わう。<br>・自分たちでやりたい遊びを十分に楽しむ。<br>・いろいろな遊びの中で，自分の思いや考えを出して，相手の気持ちもわかろうとする。<br>・砂や土，水などの感触を十分に味わい，友だちと一緒に試したり工夫したりして楽しむ。<br>・水遊びや泥んこ遊びでの約束を守って遊ぶ。<br>・水の中でいろいろな動きを楽しみ，水の気持ち良さを全身で味わう。<br>○いろいろな材料や用具を使い，自分なりに工夫して作ったり，作ったもので遊んだりする。<br>・色水あそびやシャボン玉など，友だちと工夫したり意見を出し合いながら楽しむ。<br>・色々な素材を使って，水に浮かぶものを工夫して作る。<br>○道路の正しい歩き方を知る（右側通行・歩道・路側帯通行）<br>・保育士の指示に従い，正しい道路の歩き方を身に付ける。<br>○午睡中の避難の仕方を知る。決められた場所に防災頭巾と上履きを置く。<br>・保育士の近くに集まり，ブルーシートなどをかけてもらう。<br>・防災頭巾をかぶって上履きを履く。<br>○午睡時の避難の仕方を知る。すぐに避難できるように決められた場所に上履きを置く。<br>・午睡時の避難の仕方が分かり，行動する。<br>○栽培を通して野菜の成長に興味を持ったり，食べ物に関心を持ったりする。<br>・食べ物ができるまでの過程に興味を持ち，野菜を育てたり収穫の喜びを味わったりする。 |

| 援助・配慮事項（環鏡構成も含む） | 表現 |
|---|---|
| • 夏の生活の仕方で，清潔に気をつけたり，水分補給だけではなく，休息を取ることも必要なことを知らせていきながら言葉がけをしていく。<br>• 生活や遊びを通して，小さい子と関わることで，お世話や，優しくしてあげることの大切さに気付けるようにしていく。<br>• 夏野菜や花などの形や色，感触，においなど，いろいろな気づきを大切に受け止め，共感していく。<br>• 身近な小動物や昆虫などの飼育の仕方がすぐに調べられるように図鑑を用意しておく。<br>• 飼育している小動物のお世話をしながら，少しずつ変化していく姿を楽しみにできるような声をかける。<br>• 友だちと一緒にさまざまな遊びを行い，考えを出し合ったり，教え合ったりしながら遊ぶ楽しさを味わえるようにする。<br>• 保育者も遊びに加わり，一緒に考えたりヒントを与えたりしていく。<br>• 意見の食い違いや勘違いからトラブルが生じた時は，子どもたちの話を十分に聞き，互いの気持ちに気付くような仲立ちをし，また気持ちを切り替えて遊び出せるように援助していく。<br>• 子どもたちが水や砂，泥んこ遊びなどを存分に楽しめるように，遊びに必要な道具や材料を用意する。また，それらの特性に気付きイメージ通りの遊びを実現できるように保育者も一緒に考えて助言していく。<br>• 子どもたちの水の慣れ具合に合わせて水位を調節しプールの中でゲームを楽しみながら全身で水に親しめるようにする。<br>• 右側通行は保育所の廊下などでも知らせていきながら常に意識ができるようにしていく。<br>• 午睡時なので，パニックにならないように誘導し落ち着いて行動ができるように言葉がけをしていく。<br>• バレーシューズ，防災頭巾を置いておく場所をしっかり決めておき分かりやすくしておく。<br>• 誰の防災頭巾でもいいので被ることや，合同生活で避難の仕方が変わるのでわかりやすいように声をかけながら避難していくようにする。<br>• 野菜の成長を一緒に見たり，世話をする中で変化に気づくように働きかけたり，収穫を喜び合うようにしていく。また，収穫物を生かしてクッキングを楽しむ機会を作る。 | うた<br>• たなばた<br>• たなばたさま<br>• あおい空に絵をかこう<br>• もしも季節が一度にきたら<br>リズム遊び<br>• バチうち<br>（あかちゃんうち・おかあさんうち）<br>製作<br>• 舟作り<br>• プラネタリウム作り<br>夏野菜クッキング |
|  | **家庭との連携** |
|  | 泥んこ遊びや水遊びをするので，毎日の健康チェック表への記入や，健康で安全な生活を送れるように，保護者との連絡を密に取り合う。 |
|  | **評価・反省** |
|  |  |

は，子どもの発想や活動の展開を大切にしながら，計画の中で設定したねらいや内容を修正したり，環境を再構成したりして柔軟に対応することが必要である。

　保育を展開する中で，予想した姿と異なる姿がみられることがあるが，指導計画に縛られるのではなく，その時々の子どもの姿に応じて適切な援助をしていくことが求められる。保育者の援助には，一緒に遊ぶ，共感する，見守る，助言する，提案する，環境を構成するなどがあるが，いずれの場合も子どもが自ら活動を展開できるように「子どもの主体性」を大切にしたい。

### 5．実践を記録する

　保育者の子どもを見る目や援助の力を高めるためには，計画したことや実践での判断が良かったか悪かったかなどを振り返る必要がある。保育者は環境に関わる子どものその時々の姿を確かめつつ保育を展開しているため，保育実践を振り返り，そこでの気づきや問題，課題などを記録に残すことは意味のあることといえる。

　保育者は自分の保育実践を振り返り，一人ひとりの子どもの表面的な姿だけでなく内面や経験の内容などもとらえながら，子どもが主体的に行動できる環境であったか，発達に必要な経験を得られる援助が行われたかなどの視点で見直すことが必要である。実践を振り返ることで，子どもやクラス運営の課題，保育の進め方などの課題が見出され，次の計画を立てるときに生かされる。

　保育実践を記録することで，保育中には気づかなかったことに気づいたり，無意識にやっていたことに改めて気づいたりすることができ，深い子ども理解につながっていく。また，自己の実践を記録することで評価・反省が深められ，保育の質はもちろん保育者自身の専門性を向上させることにもなる。

## 第5節　保育の評価

### 1．評価の必要性

　保育は計画に基づいて実践し，それを振り返って評価し，その評価を次の保育に生かしていくことが，保育の質を高めていくことにつながるため，保育所

では施設長の下すべての職員が保育目標の達成状況について，組織的，継続的に評価を行うことが求められている。

　保育内容の評価には，個々の職員が行う「保育士等の自己評価」と保育所全体で行う「保育所の自己評価」がある。いずれも，自らの保育を多様な視点から振り返り，継続的に保育の質を向上させるために行われるものである。

## 2．保育士等の自己評価

　保育所保育指針「第1章　3（4）保育士等の自己評価」に「保育士等は保育の計画や保育の記録を通して，自らの保育実践を振り返り，自己評価することを通して，その専門性の向上や保育実践の改善に努めなければならない。」とあるように，保育士は，保育の質を高めるために，計画に基づいて実践しそれを振り返って評価し，次の保育に生かしていくことが必要である。

　自己評価は2つの視点から行う。1つは「子どもの育ちをとらえる」という視点である。一人ひとりの発達の個人差，取り組みの動機や活動の過程，内面の育ちなどを把握しながら，ねらいと内容の達成状況を評価するというもので，子どもの姿を的確にとらえることができたか，内面理解は適切であったか，発達の理解は適切であったか，などが評価のポイントとなる。

　もう1つは，「自らの保育をとらえる」という視点である。保育の過程を振り返り，保育の目標やねらいの達成状況，課題などを明らかにするというもので，指導計画で設定したねらいや内容が適切であったか，環境の構成は子どもにとってふさわしいものであったか，子どもの活動の展開に合わせて適切な援助が行われたか，などが評価のポイントとなる。

　自己評価は，自分一人で行うだけではない。保育実践を互いに見合うことや，カンファレンスをすることで，自分とは異なる子ども観や保育観に出会い，自らの保育を見つめ直す機会となる。また，自己評価を通して職員間の協力体制が強まり，学び合いの基盤が作られていく。

## 3．保育所の自己評価

　保育所は保育のあり方を自覚し，保育の質を高めていくために組織として自己評価を行う必要がある。そのために，保育所は保育計画の展開状況や保育士

一人ひとりの自己評価を踏まえ，保育内容などについて自己評価を行う。評価にあたっては，地域の実情や保育所の実態に即して具体的な評価の観点や項目を決め，全職員で話し合うようにする。

　保育目標の達成状況や成果などを確認しながら，保育内容を見直したり，自分たちの保育所のよさや課題などを共通理解したりして，より質の高い保育を目指して改善を図ることが必要である。

　また保育所は，子どもたちを心身ともに健やかに育てるという社会的役割を担っているため，この保育所の自己評価の結果を保護者や地域住民に公表するという努力義務が課せられている。

▌ この章の小課題 ■■■■■■■■■■■■■■■■■■■■■■■■■■■■■■■■■■■■■

1．「保育の目標」について「養護」「教育」「保護者支援」の３つの点から説明してみよう。
2．全体的な計画の作成について，意義，留意点，手順を説明してみよう。
3．長期的指導計画と短期的指導計画について説明してみよう。
4．保育の過程とは何か説明してみよう。

■■■■■■■■■■■■■■■■■■■■■■■■■■■■■■■■■■■■■■■■■■■■■

## Column 5

# 就職試験の願書の書き方と面接について

　筆者はもう 30 年近く，保育士養成校で学生達を送り出しています。ゼミ学生の就職指導も毎年行っていますが，毎年，同じようなパターンでつまずく学生も多くいます。今回は，そんな中でも願書の書き方と面接での指導で気づいた点をあげていきます。

　就職試験の願書の書き方についてですが，願書に記載する内容の主な内容としては，自己紹介，〇〇市（もしくは〇〇保育園）を志望する理由，学生の時に学んだこと，どのような保育者になりたいのか，などがあります。

**自己紹介**

　自己分析がきちんとできていることが大切です。よく「積極的に行動して，誰とでもすぐに仲よくなり，慎重に考えて行動ができます」などと，よいところばかり主張して書いている人がいます。積極性と慎重は反対の意味合いをもっていますし，誰とでも仲よくなるとは裏返せば軽い人とも受け取ることができます。嘘は書かないことが原則ですが，あまり自分のよいところをいくつもあげるよりは，１つ２つよいところをあげて，そこを丁寧に書くことが大切だと思います。また，「積極的に行動することができますが，時には行動が先走り失敗することもあります」など，客観的に自分のよい点や課題を分析することもありかと思います。ただし，遅刻が多い，協調性がないなど致命的な欠点をあえて書く必要はないです。

**〇〇市（もしくは〇〇保育園）を志望する理由**

　公務員を志望する場合は，〇〇市を志望する理由を願書で書くことが多いです。これは面接の時も同様です。まず，自分がその市に住んでいる場合は，自分自身とその地域の関わりを素直に書けばよいと思います。公務員はそこに住む地域住民に社会的に奉仕することが仕事です。それは一般職でも保育職でも同様です。たとえば，地元の人とボランティアなどを通してこんなふうに関わってきたとか，小さい頃からこんな人たちの親切にふれてそれをお返ししたいとかシンプルに書けば大丈夫です。たんにネットから市のホーム

107

ページを読んで記載しただけのことはすぐに見破られてしまうので参考程度にしましょう。

また，私立園の場合は，その園の目標や年間を通して活動を下調べしておくか，事前にボランティアなどで体験したことを志望動機に入れるとよいと思います。何よりも園側の求める保育者とは何かをよく理解した上で，自分がその園で何ができるのか考えることが大切だと思います。

### 学生の時に学んだこと

たんにサークルに所属していた，授業やアルバイトを一生懸命しただけでなく，その中で学んだことが具体的な事例を交えて説明できるようにしましょう。たとえば，サークル活動で友だち同士，1つの目標へ向けて団結することの大切さを学んだとします。その場合，どのような経験を通して学んだのか実際に事例を挙げながら説明すると説得力があります。学んだことは勉強以外でもよいとは思いますが，成績もそこそこによいことが最低限の条件になります。

### どのような保育者になりたいか

一番大切なことかもしれません。あなたは，どのような保育者を目指しているのか，そのためにどのような努力を今までしてきたのか，素直な気持ちになって書いてください。よく「子どもの目線に立って，子どもの気持ちの分かる保育者を目指しています」という人がいますが，それは具体的にどのように実践していくことなのか，またそのために今まで何をしてきたのか説明できなければなりません。子どもを対象としたサークル活動や保育園での実習やアルバイトの経験から，子どもとの触れ合いをエピソードにして紹介しながら説明するとよいと思います。理想の保育者を描くには，たんに空想で思い描くのではなく，具体的な事実に基づいて説明することを忘れないでください。

最後に，基本的なことですが，願書に書かれる文章は，その欄の最後のギリギリまで書くことも大切です。願書1枚ですが，その願書に，保育者になるための自分の経験や思いをたくさん詰め込んで採用試験に臨んでください。

# 第6章

# 保育形態

◆この章で学ぶポイント◆

1. 保育形態とは何か考えてみよう。
2. 保育形態の種類と内容について学ぼう。
3. それぞれの特徴や良い点，問題点を理解しよう。

## 第1節　保育形態とは

　保育所や幼稚園で日々の保育を展開する上で，どのような環境構成や保育者の指導，援助の形態をとるのかについて理解することは大切なことである。たとえば，展開されている活動が集団での活動か，一人の子どもの活動であるのか，さらには活動の自由度から考えて子どもが活動を自由に選択できるのか，活動内容を設定された中で行うのかなどである。

　保育の場では，いつも同じような形態で活動が展開されていくのではなく，活動の内容や子どもの状況に応じて，活動の形は変化しているのである。子どもが日々の

図6-1　せんせいといっしょ

活動を行う中で、どのようなことを経験してほしいかという保育者の指導目標や願いが実現できるように、さまざまな形態で活動が行われていると考えられる。このように、保育所、幼稚園では、子どもの活動における育ちを支えるために、さまざまな形態で、保育者は援助しているのである。

## 第2節　自由保育

### 1．自由保育の特徴

　自由保育とは、子どもの興味・関心に基づき、環境設定を重視しながら子どもの自由を尊重して、自発的な行動を保障していく活動である。そもそも自由保育とは、保育形態というよりも児童中心主義の思想や理念といった考えから発展してきたものである。

　自由保育の特徴は、子どもの自由で自発的な意志に基づいて、それぞれが興味のある遊具やものを用いて遊ぶこと、友だち同士で遊びの内容を選択し、活動していくことにある。保育者の指導、援助は環境構成が中心となり、保育者も人的な環境として子どもの活動の展開を見守る、子どもから求められたときに関わる、あるいは子どもの抱く思いにそって関わるなど、必要に応じて援助をしながら、保育が行われていく。自由保育においては子ども中心の保育を展開していくことができるのである。

　自由保育を行っているかどうかはそれぞれの園によって異なり、昼食や登園・降園の時間を除いて、一日の保育時間のほとんどで自由保育が行われているところや、登園してクラスの子どもたちが全員そろうまでの時間に自由保育を展開しているところなどがある。

図6-2　つみきでふえふき

## 2．自由保育の長所と課題

自由保育の長所として，次のことがあげられる。

　①子どもの自発的意志に基づき，自由に生き生きとした活動が展開できる

　②子どもの興味・関心に基づいた活動が展開される

　③主体的に取り組むことで，意欲や自信を身につけ，達成感を得ることができる

　④自分の好きな経験や活動を繰り返して自分が納得するまで試みることができる

　⑤個人差に応じた一人ひとりの指導・援助が可能で個別指導がしやすい

一方で，自由保育の課題（問題点）としては次のことが考えられる。

　①子どもへの関わりをしないで放任してしまうこともある

　②遊びが発展せずに，すぐ終わってしまい，長続きしないことがある

　③子どもが身につける知識・経験に偏り（かたより）が生じる

　④子どもがさまざまな場で遊んでいるので，より多くの子どもに関わることが難しい

　⑤同じテーマの活動を全員に指導することが難しい

　特に，自由保育は，一見すると保育者が何も援助していない放任の保育をしているようにとらえられてしまう可能性があるところに保育の難しさがある。個々の子どもの発達の様子や日常の行動の特徴（興味関心のあることなど）を理解した上で，どの段階でどこまで援助したらよいのかを考え，援助のあり方を判断することが保育者に求められるのである。活動場面によって，今は何も援助しないで見守ることが保育者としての望ましい援助になることもあるが，子どもからのサインを受け取り，サインにそった援助することが必要である。子どもの主体性を尊重するあまり，保育者としてあまり関わりすぎてはいけないと考え，どのように援助したらよいか戸惑い，結果何もしないままになってしまうこともあるので，自由保育は子どもの育ちにとってよい保育であるとともに，難しさもあるといえる。日頃から子どもたちの様子をよく理解し，関わることによって，十分に見通しをもった保育をしていくこと，さらに一人ひとりにきめ細やかな配慮をしていくことが自由保育の展開においては大切であろう。

## 第3節　一斉保育

### 1.　一斉保育の特徴

　自由保育に対比する保育形態として，一斉保育という言葉が用いられる。一斉保育とは，保育者が主導しながら，子どもたちが同一時間内に同一の方法で同一の保育を展開する活動である。この一斉保育と同じ形態にとらえられることのある設定保育と呼ぶものもある。一斉保育は子どもたちに対してみんな一緒に活動をすることを重視して，体験させたいことを集団の場で行っていくときに行うものであるのに対して，設定保育は保育者に経験させたい活動があり，計画をたてた上で保育することを重視しているので，個別的にその活動を行った場合でも，保育者の意図に基づき設定された保育ととらえることができる。このように，保育者の指導によって保育が行われる点で共通するところが多いが，設定保育は一斉に活動を行うことには重点がおかれていないのである。

　一斉保育の特徴は，保育者が事前に計画的に活動を準備し，子どもの自由で自発的な活動よりも保育者主導で活動がすすめられていく。園生活においては，登園後の自由遊びが終了してから，各クラスの部屋で一緒に歌うなど同じ活動をする，絵本の読み聞かせなどの一斉保育が展開される。また，昼食の時間にみんなで食事の準備をしたり食べたりする時や午睡，お帰りの時間，発表会の行事などにも活用される。

図6-3　全員集合！

### 2.　一斉保育の長所と課題

　一斉保育の長所として，次のことがあげられる。

　　①保育者主導で実施するため予測しやすく，偏りのない保育が展開できる

②園での生活に慣れない時期や遊び方がわからないときに効果がある

③クラスで一緒に同じ活動に取り組むことで集団としてのまとまりが身につく

④生活習慣を身につけ，約束事やルール，知識を能率的に指導できる

その反面，課題（問題点）としては次のことがあげられる。

①保育者による指導が画一的，形式的になってしまう

②一人ひとりの個性や自主性を尊重できないときがある

③保育者の一方的な思いこみで活動するとやらされていると感じてしまう

④子どもたちの自由な発想や創意工夫を引き出すことが難しい

一斉保育は，保育者の指導計画が立てやすく，見通しがもちやすいため，園舎や園庭が狭い，人数の多いクラスや保育経験の浅い保育者の場合は，活動を展開しやすく安易に用いられがちな傾向がある。そのため，一斉保育を展開する際には，自らが選択した活動であるかのように働きかける（導入）など保育の言葉がけや環境設定を工夫する。日頃から子どもの様子をよく観察し，子どもの関心，意欲を理解した上で，子どもの発達にそった保育教材や保育の援助の展開を工夫し，できるだけ子どもの個性や発想が引き出せるような配慮をしていくことが必要であろう。

自由保育，一斉保育はどちらが良い悪いというものでもなく，その時々に応じて保育者が選択していくものである。時には，自由保育から一斉保育へと発展，延長したりする（あるいは逆）ことで遊びの幅が広がることもあろう。1つの保育形態にこだわらず，その時々に応じて柔軟に保育を展開していく柔軟性と計画が立てられることが保育者にとって大切だと思われる。

## 第4節　縦割り保育

### 1．縦割り保育の特徴

多くの保育所，幼稚園においては，通常，ほぼ同年齢のクラスやグループ単位で活動が行われる。幼稚園設置基準でも学級編成については第4条で「学級は，学年の初めの日の前日において同じ年齢にある幼児で編制することを原則とする。」とある。その一方で，少子化などできょうだいや地域の子ども同士

など異年齢の子どもと触れ合う機会が減ってしまったことからあえて異年齢の子どもたちが一緒に遊ぶ機会をつくる保育の形態もある。縦割り保育とは，3学年以上の年齢の異なる子どもを1つのクラス，集団に編成することで，異年齢の子どもたち同士の交流を図りさまざまな人間関係を育てていく保育である。似たような言葉に混合保育がある。この場合，園全体もしくは特定の学年で園児の数が少なかったり（多かったり），保育室が限られている，保育者の数の問題など，やむをえない理由で異年齢の子どもたちが同じクラスに編成されることが多い。また，クラスの枠にとらわれずに解体して行う保育もある。子どもにとって決まった保育者や保育室がないので，園の保育者全員で，子どもすべてに関わることになるため，個々の子どもを理解すること，保育者同士が連携することが必要となる保育といえる。

## 2．縦割り保育の長所と課題

　縦割り保育の長所は，異年齢同士が接する中で，
　　①年長の子どもは年少の子どもに対して手助けしたり，思いやりの心が育ちやすい
　　②年長の子どもは，年少の子どもと遊ぶことで遊びのルールや決まりを工夫する
　　③年少の子どもは，年長の子どもの生活や遊びを観察したり，まねをすることで育ちが促され，自立心が芽生える
　　④年少の子どもは，年長の子どもを見ることで次の発達への見通しが立てられる
といった点である。
　その反面，課題としては，
　　①時には年長の子どもが支配的行動をとってしまう
　　②年長の子どもに合わせようと年少の子どもが無理をしたり，逆に萎縮してしまう
　　③保育者にとって，どの年齢に合わせて計画や援助をしていけばよいのか難しい
　　④行事や生活指導がマンネリ化しやすい

などがあげられる。

　近年，少子化の中で豊かな人間関係を育てようと縦割り保育を推進する園や自治体もあちこちにみられる。しかし，上述の課題をこなし，年齢にあった柔軟な保育を展開するためには，多くの保育経験と知識が必要とされる。

## 第5節　統合保育

### 1．統合保育の特徴

　近年，障害のある子ども（大人）も健常児（者）とともに生きる社会を目指すノーマライゼーションの理念が浸透してきている。統合保育とは，障害のある子どもと健常児を同じ場所でともに生活していく保育のことである。共生保育ともいわれる。従来，障害のある子どもは障害児専用の施設に入所，通所するのが普通であった。しかし，最近では，先の思想や障害をもつ子ども，もたない子どもの双方によい効果を生むという観点から統合保育が推進されてきている。保育所保育指針「第1章　総則　3　保育の計画及び評価」においても「障害のある子どもの保育については，一人一人の子どもの発達過程や障害の状態を把握し，適切な環境の下で，障害のある子どもが他の子どもとの生活を通して共に成長できるよう，指導計画の中に位置付けること」とあり，障害のあるなしにかかわらずともに生活をすることを促している。

### 2．統合保育の長所と課題

　統合保育の長所は，

　　①障害児のさまざまな発達が健常児とともに過ごすことで促される

　　②健常児にとっては障害児と接することで思いやりや支え合いの心が芽生え，障害をもつ人に対する差別をなくすなどのメリットがある。

　その反面，課題としては，

　　①障害児にとって健常児と同じように生活しようとしたりともに過ごすことで負担やストレスを感じるときがある

　　②健常児にとっては，障害に対する理解が不十分である場合，ルールを守らない，みんなと同じことができないなどの不満が起こったりすること

　もあろう。

　保育者が障害の種類や程度などを充分理解し，専門家のサポートを受けながら保護者とともに障害児の個性や障害の程度に応じた指導や援助をしていく必要があろう。

　これまでにあげてきたどのような保育形態にも，よいところ，課題となるところがある。特に自由保育は子どもを尊重するという考え方のもとに行われるものであるので，一斉保育と対比することなく，そして保育形態にとらわれすぎずに，子どもに経験してほしいことがさまざまな保育の活動の中で指導されているか，また行われている保育を通して，一人ひとりの子どもがどのような経験をしているか，どのような育ちがみられるのかといったことをきちんととらえていくことがより大切である。

### ▌この章の小課題

1．保育形態にはどんな種類があり，その特徴は何かあげてみよう。
2．それぞれの保育形態の長所と課題について説明してみよう。
3．それぞれの保育形態についての具体的な例をあげてみよう。

## Column 6

# 変わるものと変わらないもの

　現在，少子化や高齢化，そして高度情報化社会の中で，人々の価値観や生活様式の多様化が進み，子どもを取り巻く環境がめまぐるしく変化してきています。特に情報化社会の変化は著しく，今や情報の収集には，パソコンなどよりもタブレットやスマートフォンがより簡単で身近なものとして気軽に利用されています。昔は，レポートや卒業論文を書く時には，図書館や書店に行ってテーマに沿った本や資料をたくさん集めて読んでまとめたりしました。しかし，今では筆者自身もちょっとした捜しものはネットで検索して調べるのが当たり前になっています。さらに，今の学生や若い世代の方たちは，筆者の世代よりも多くの情報をネットから収集しているのではないでしょうか。それに加えて，インターネットのネットワークを利用して，個人間のコミュニケーションを促進するSNS（ソーシャル・ネットワーキング・サービス）の普及も著しいものがあります。少し前まではメールでのやりとりが中心でしたが，今は，ラインとツイッターが学生の中では定番のコミュニケーションの道具になっています。これもあと数年すると別のものに変わるかも知れません。

　子育て中の親においても同様です。夕食の料理のレシピや美味しいレストランなどはネットで検索してすぐに調べられますし，友だち同士のつながりもラインやツイッターを使って相互に交流しています。

　その一方で問題も生じています。たとえば，ネットの中で子育ての情報が氾濫してしまい，どの情報が正しいのかわからないと感じたり，SNSに頼りすぎて，顔と顔を合わせたコミュニケーションがうまく取れない若い母親も多くなりました。子どもの遊びも地域の中で異年齢で群れ遊ぶ姿は珍しくなり，集団の中で自己をうまく主張することが難しい子どもたちも増えてきました。

　そうした時代の変化に合わせて保育所や幼稚園の保育・幼児教育も大きく変化していく時期に来ていると思います。新たな試みとしては，子ども・子育

て支援新制度の発足や新たな認定こども園の創設，そして，今回の幼稚園教育要領，保育所保育指針の改訂（定）など，次々と新しい試みが実施されています。こうした保育，子育てにおける新たな試みは，時代の変化に対応し，日本社会の急激な変化に伴う諸問題を解決する糸口になっていくことでしょう。しかし，変わるものに対応する新たな試みを大切にする一方で，変わらないものを大切にすることも忘れてはならないと思います。

　筆者は研究者として常に，新しいことや人とは違った見方を追究することを求められてきました。筆者自身，才能や能力が足りないことを自覚しているためか，人がまだ開拓していない分野（視点）なら，自己を主張できると考えていたのかもしれません。

　そのような時に，「不易 流 行」という言葉を知りました。松尾芭蕉の言葉だそうですが，「新しみを求めて変化していく流行性が，実は普遍の法則，真理である不易の本質」という意味だそうです。現在，展開している新しい保育や子育ての試みは，すなわち時代の変化に対応するためのさまざまな「流行」です。でも，好奇心が旺盛で，遊びの天才である子どもの発達の特性は変わらず，それに伴う，幼児教育・保育の本質も変わらないと思っています。社会の変化の著しい今こそ，普遍である「子どもの遊び」や「発達の特性を踏まえた保育」にも目を向けることを忘れてはいけないと思います。しかも肝心なことは，流行と不易の基は一つであり，不易が流行を，流行が不易を動かすということです。古きものと新しきものを融合させ，さらに新しい原理・原則を見出す。先に述べた認定こども園の構想も，過去に何度か提起されてきた幼保一元化の問題に立ち戻っている気がします。また，現在の子育ての問題も顔と顔を合わせたコミュニケーションが一番で安心できるとの認識に戻ってはいないでしょうか。筆者の恩師の教えで，「子どもの発達や歴史は螺旋を描きながら繰り返す」と言われたことにも通じるものがあるように思います。研究者として新しいものを追い続けた結果，本質を見失いがちになる筆者への自戒の意味をこめていつも大切にしている言葉です。

　保育原理は，最新の新しい保育制度や法令を紹介しつつ，今後の新しい保育のあり方や自分自身がどのような保育者になりたいのか問いかけるきっかけになっています。それと同時に，子どもの発達や保育の歴史など普遍的な変わらないものを学ぶ教科でもあります。

　今後の保育が「流行」を求めつつもさらなる高みの「不易」へと向かっていくよう，あらためて願っています。

# 第7章 子育て支援

◆この章で学ぶポイント◆

1．少子社会における子育て支援の必要性について学ぼう
2．多様な子育て支援制度があることを理解しよう
3．子育て支援の目的について理解しよう

## 第1節　少子化・子育て支援制度の流れ

### 1．少子社会の到来

　我が国で今，1年間に生まれてくる子どもの数を知っているだろうか。私たちは，「少子化」という言葉をいろいろな場面で耳にしているが，1年間にどの程度の子どもが生まれているかと聞かれると，すぐに答えられないことが多い。

　そもそも「少子化」とはどのような状況をさしているのか。高齢者の増加を示す「高齢化」については，国際的な定義があり，全人口のうち65歳以上人口が占める割合が7％を超えれば「高齢化社会」，14％を超えれば「高齢社会」と定められている。一方で，「少子化」については，「生まれてくる子どもの数が減少している現象」をとらえて称しているにすぎない。

　一般的に，少子化の判断基準として用いられているのが，「出生数」と「合計特殊出生率」である。これらを時系列にまとめたものが図7-1となっている。

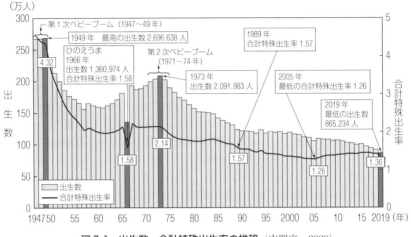

**図 7-1　出生数，合計特殊出生率の推移**（内閣府，2020）

資料：厚生労働省「人口動態統計」

「合計特殊出生率」をみると，ここ数年は横ばい状況であることがわかる。その一方で「出生数」は年々減少している。10 年近く 100～110 万人の出生数で推移したが，2016（平成 28）年に 100 万人を下回って以降，2019（令和元）年には 86 万 5 千人と少子化に歯止めがかからない状況である。合計特殊出生率が横ばい傾向にあるにもかかわらず，出生数が減少している背景には，子どもを生む年代である女性数そのものの減少があり，しばらくは出生数の減少が続くと言われている。

　「少子化」は英語で，declining birthrate と訳されている。"birthrate" は「出産率」「出生率」を示す言葉であり，割合が減少している状況をさして「少子化」としていたが，今日では birthrate，つまり割合が減少しているだけでなく，birth，つまり出生そのものが減少している時代へと突入している。

## 2．子育て支援施策

　国は 1990（平成 2）年の 1.57 ショックをきっかけに，少子化対策を本格化する。1994（平成 6）年の「今後の子育て支援のための施策の基本的方向について（エンゼルプラン）」および「緊急保育対策等 5 か年事業」をきっかけに，少子化対策としての子育て支援策に取り組んできた（図 7-2）。保育サービスの

充実を出発点とした少子化対策であるが，今日では，2003（平成 15）年に制定
された「少子化社会対策基本法」および法に基づく「少子化社会対策大綱」を
核として，学童期まで含めた保育サービスの量的確保および質の向上，働き方，
そして子育てにかかる経済的負担軽減も含めた多様な展開となっている。

　一方，今日の人口問題は，少子高齢化に加えて，人口減少である。2019（令
和元）年の出生数は「86 万ショック」とも言える事態となっており，出生数の
減少が，新たなステージに入ったことを示している。日本の総人口は，2019
（令和元）年で 1 億 2,617 万人となっており，2008（平成 20）年の 1 億 2,806 万
人をピークに減少している。国として，人口減少社会に対する施策は喫緊の課
題であり，少子化対策も含めた人口減少社会への施策が始まっている。

　以下，少子化対策および人口対策に見られる少子化対策について，主なもの
を紹介する。

### （1）少子化社会対策基本法および少子化社会対策大綱

　少子化社会対策基本法は，少子化対策の目的および基本理念等を示した法律
である。その内容を具体化した少子化社会対策大綱は，2004（平成 16）年に閣
議決定されて以降，2010（平成 22）年，2015（平成 27）年と策定され，2020
（令和 2）年に第 4 次となる大綱が閣議決定された。新たな大綱では，1 人で
も多くの若い世代の結婚や出産の希望をかなえる「希望出生率 1.8」の実現に
向け，国民が結婚，妊娠・出産，子育てに希望を見出せるとともに，男女が互
いの生き方を尊重しつつ，主体的な選択により，希望する時期に結婚でき，か
つ，希望するタイミングで希望する数の子どもを持つことができる社会をつく
ることを，基本的な目標としている。基本的な考え方として，「①結婚・子育
て世代が将来にわたる展望を描ける環境をつくる，②多様化する子育て家庭の
様々なニーズに応える，③地域の実情に応じたきめ細かな取組を進める，④結
婚，妊娠・出産，子供・子育てに温かい社会をつくる，⑤科学技術の成果など
新たなリソースを積極的に活用する」となっている。

### （2）子ども・子育て支援法および「新・放課後子ども総合プラン」

　就学前児童および学童期の保育ニーズの需要に対する対策として，国および

第 7 章　子育て支援

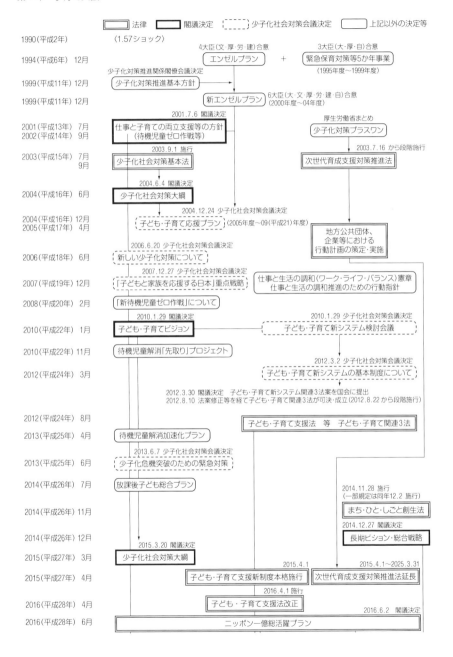

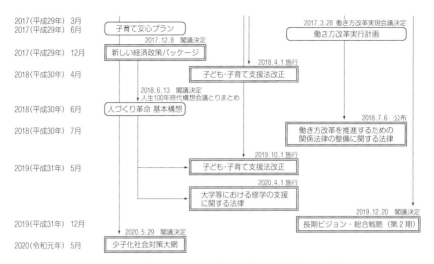

**図7-2　少子化対策における国の取り組み**（内閣府，2020）

地方自治体では，子ども・子育て支援法に基づく「子ども・子育て支援事業計画」および「新・放課後子ども総合プラン」（2018［平成30］年）の策定を行っている。計画的な保育サービスの確保を行いつつ，保育サービス利用にかかる経済的負担の軽減を目的とした保育の無償化を含む，子ども・子育て支援法の改正が2019（令和元）年に行われた。

### （3）ニッポン一億総活躍プラン

　2016（平成28）年に，少子化に歯止めをかけ，人口維持を目的とした具体的な取組として閣議決定された。「一億総活躍」とは，家庭，職場，地域において誰もが活躍できることを意味している。広い意味での経済的施策として，子育て支援と社会保障の基盤強化を行うことが示されている。「夢をつむぐ子育て支援」をひとつの柱とし，希望出生率1.8への具体的な施策として，①働き方改革，②子育ての環境整備，③すべての子供が希望する教育を受けられる環境の整備，等となっている。

　少子化対策としての子育て支援は，保育サービスにとどまらない，多様な観点からの取り組みがなされるようになった。保育を必要とする子育て家庭が，

必要に応じて保育サービスの利用ができる施策の実行はもちろんであるが，子育て中の保護者の働き方や，子どもや子育て家庭に温かい地域社会づくりといった，子育て家庭を取り巻く環境整備も少子化対策として取り組まれるようになったことは大きな進歩である。今日，保育は人口減少，少子社会，それに伴う多様な施策のもとで取り組まれている。

## 第2節　子育て支援を必要とする社会的背景

### 1．希薄化したつながりの中での子育て

　子育ては，親のみで完結する営みではない。歴史的にみても，多様な人たちとの関わりとつながりの中で子育てが行われてきた。

　まず，子育てにおける世代間のつながりである。三世代家族等，夫婦と子どものみで構成される核家族ではなく，子育ての経験がある大人（祖父母等）がいるなかでの子育てを行うことで，親は子どもとはどのような存在であるかを見聞きし，学ぶことができた。また，複数のこどもを育てることで，親自身も子育ての経験を重ねながら，親としての経験を積み重ねることが可能であった。今日では，「ひとりっ子」も珍しくない子育て家庭において，子どもを知らないまま，子育てを担うことになる親が増えることとなった。

　世代間のつながりが薄くなっている現状を示す資料として，通称「大阪レポート」と「兵庫レポート」といわれる大規模調査がある（図7-3）。大阪と兵庫ではあるが，ほぼ地域の特性差が生じない地域で行われた，子育て中の母親を対象とした調査である。子育ての経験がないままに親になっていることがうかがえるデータとなっている。人は経験がないことは，どこかで学ぶことをしな

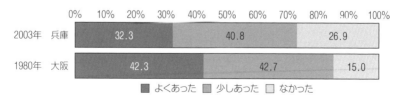

**図7-3　子どもと関わった経験**（原田，2006）

母親に対し「自分の子どもが産まれるまでに，他の小さい子どもさんを抱いたり，遊ばせた経験がありましたか」の回答

表7-1　子育て中の人々に対する周囲や社会の印象
（こども未来財団，2011 より一部抜粋）

| 項　目 | ％ |
|---|---|
| 社会全体が妊娠や子育てに無関心，冷たい | 36.3 |
| 社会から隔絶され，自分が孤立しているように感じる | 33.8 |
| 不安や悩みを打ち明けたり，相談する相手がいない | 26.2 |
| 暖かく見守られたり，手助けされたりしていない | 10.6 |

ければ，不安と心配の中で向き合うことになる。今日の子育て環境はまさしくそのような状況を生み出しているといえる。

　つながりが希薄化しているのは世代間だけではない。地域でのつながりも希薄化している。少子社会での子育ては同じ子育て中の親同士のつながりの機会を奪うことにもなっている。このことは，都市部においても，人口減少地域においても生じている課題であり，いずれにおいても，つながりは希薄化している。また，子育て家庭が社会全体のなかで，少数派となっている今日，地域社会において，子育て家庭への理解が低くなってしまうこととなっている。表7-1 は，子育て中の人々に対する周囲や社会の印象について調べた結果である。「社会全体が妊娠や子育てについて無関心，冷たい」，「社会から隔絶され，自分が孤立しているように感じる」との回答が3割以上見受けられる。

## 2．子ども虐待の増加

　子育てへの理解や学びが十分ではない中での子育て，そして社会や地域とのつながりがない中での子育ては，親にとって子育てに対する過度な負担やストレスを感じることにつながる。その結果として，子ども虐待の増加がある。図7-4 で示すように，児童相談所が受け付ける子ども虐待の相談件数は年々増加の一途である。子どもの数そのものが減少しているにもかかわらず，虐待の相談件数が増えているという現実は，今日の子育て環境が親にとって厳しいものとなっていることがうかがえる。むろん，子ども虐待の背景には，子育てのストレス以外にも，親自身の心身の状況や社会・経済状況なども含まれている。子ども虐待は，子ども自身にも大きな影響を与えるが，親にとっても，プラスに働くことではない。いずれにしても，親の子育てを支えることで，子どもの

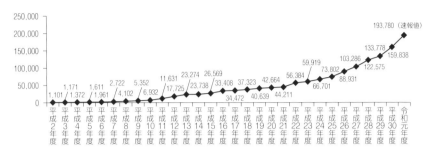

**図 7-4　児童虐待相談対応件数の推移**

資料：厚生労働省「令和元年度　児童相談所での児童虐待相談対応件数（速報値）」

福祉が守られ，親自身の子育てを可能とすることが必要な状況であるといえる。

## 3．保育士として子育て支援に関わる必要性

　子育て支援の背景として，つながりの希薄化と子ども虐待の増加を取り上げた。これらの背景のもと，子育て支援は，今日では多様な担い手による展開がなされている。長年，就学前の子どもの保育を担ってきた保育所，そして保育士もその支援に関わっているが，子育て支援の担い手としては，当事者や地域住民等，多様な担い手が，それぞれの強みを活かしながら支援を行っているのが現状である。では，保育所等，就学前児童が過ごす場や保育者が子育て支援を行う必要性は何か。

　就学前児童が，保育・幼児教育の提供を受ける主な場として，保育所・認定こども園・幼稚園があげられるが，保育の質を確認し，質の担保・向上を目指すことを目的に，指針・要領が規定されている。その書き方に違いはあるものの，いずれにおいても子育て支援について記載されていることから，園という場を活用した子育て支援を実施することは，機能のひとつと言える。それは，これらの園がもっている環境と特性が子育て支援を有効に展開することができるためである。

　園がもつ特性として，①日々の子どもの様子や育ちを見ることができる，②子どもの育ちを保護者と共有する機会を確保することができる，③子どもにとっても保護者にとっても，多様な人との出会いの場であり，保護者が子どもや子育ての視野を広げる機会を提供することができる，④障害のある子，外国に

縁のある子，不適切な養育環境のある子等に対し，連携のなかで支援することができる，等があげられる。これらの特性のもと，保育という営みを通じて，子育て家庭や地域も含めた支援の展開ができること，これが，保育者として子育て支援に関わる必要性といえるだろう。

## 第3節　子育て支援サービス

### 1．子ども・子育て支援法に基づく子育て支援制度

　子育て支援の必要性に基づき，今日では多様な担い手による子育て支援が展開されている。子ども・子育て支援法にも13の「地域子ども・子育て支援事業」が示されている。具体的な事業名は表7-2の通りである。本節では，そのうち親子に直接関わるものを取り上げる。

**表7-2　地域子ども・子育て支援事業**

| |
|---|
| 利用者支援事業，地域子育て支援拠点事業，妊婦健康診査，乳児家庭全戸訪問事業，養育支援訪問事業，子育て短期支援事業，子育て援助活動支援事業（ファミリー・サポート・センター事業），一時預かり事業，延長保育事業，病児保育事業，放課後児童健全育成事業（放課後児童クラブ）等 |

### 2．主なサービス内容

### （1）利用者支援事業

　子育て中の親や妊娠中の人が教育・保育施設や地域子ども・子育て支援事業などを適切に利用することができるよう，身近な実施場所で情報収集と提供を行い，必要に応じて，相談・助言などを行うとともに，関係機関との連絡調整等を行う事業である。親が自らの子育て状況や働き方に応じて，どのようなサービスがあるのかを理解し，その利用につなげていくことは難しい。また，妊娠から出産，子育て期に生じるさまざまなニーズに対して，継続した相談支援体制が求められている。専門員が支援することで，ニーズに応じたサービス利用を進めていくことがこの事業の目的である。具体的には，子育て家庭の個別ニーズを把握し，サービス利用についての情報集約や提供，相談，利用への支援や援助等を行う「利用者支援」と，子育て支援などの関係機関との連絡調整，連携・協働の体制づくりを行い，地域の子育て支援の育成，課題の発見・共有，

社会資源の開発等を行う「地域連携」の2つから成り立っている。この2つの内容の組み合わせとして、「利用者支援」と「地域連携」を行う「基本型」と、「利用者支援」のみを行う「特定型」、保健師等の専門職がすべての妊産婦等を対象に「利用者支援」と「地域連携」を実施する「母子保健型」のいずれかの形で運用される。利用者支援事業は、子ども・子育て支援法に基づくサービス提供体系において、適切なサービス利用を実現するための要となる事業と位置づけられている。

## （2）地域子育て支援拠点事業

　保育所等、地域の身近な場所で、乳幼児を子育て中の親子が交流、子育て相談、情報提供を行う場として設置されている。子育て中の親子にとっては、子どもを連れて気軽に行くことのできる場として浸透してきている。保育所に併設されている拠点が多いことや、保育士が従事している拠点も多く、地域における保護者支援の場として活用されている。利用者支援事業での「地域連携」機能もその役割として加えられており、地域の子育て支援拠点として機能することが求められている。

## （3）乳児家庭全戸訪問事業

　生後4か月までの乳児のいるすべての家庭を訪問し、子育て支援に関する情報提供や養育環境等の把握を行う事業である。生後4か月頃までは、保護者にとって子育てのストレスや発達への不安等が高まる時期でもある。家庭訪問を行うことで、子どもの発達状況はもちろん、保護者の様子や家庭の様子なども把握することで、子育て環境全般を把握することが可能となる。

## （4）養育支援訪問事業

　乳児家庭全戸訪問事業等を通して、子育てへの支援が特に必要な家庭に対して、その家庭を訪問し、子育てに関する指導・助言等を行うことで、適切な子育て環境を整えるための事業である。産褥期の母子に対する子育て支援や簡単な家事等の援助を始め、親の身体的・精神的不調な状況に対して相談、指導や、若年の親に対する育児相談、指導等も行っている。家庭を訪問し、子どもの保

育を行うだけでなく，家事援助を行うことで，親が子どもと向き合う時間や機会を提供できることもこの事業の特徴である。

## （5）子育て短期支援事業

　ひとり親家庭等が安心して子育てしながら働くことができる環境を整備することを目的に，児童の養育が一時的に困難になった場合に，児童を児童養護施設，母子生活支援施設，乳児院，保育所等で預かる事業である。短期入所生活援助（ショートステイ事業）と夜間養護等（トワイライトステイ）事業の2事業から成り立っている。ひとり親家庭や多様な働き方の保護者が増えている今日，親の状況に合わせて子どもを預けることができる本事業のニーズは高まっており，事業を実施している自治体も増加傾向になっている。

## （6）子育て援助活動支援事業（ファミリー・サポート・センター事業）

　乳幼児や小学生等の子どもを育てている保護者を会員として，児童の預かり等の援助を受けることを希望する者と援助を行うことを希望する者との相互援助活動に関する連絡，調整を行う事業である。多様な働き方が増える今日，個別ニーズに対応することが可能であることから，ニーズが高まっている反面，援助を行う希望者の登録を増やしていくことが課題となっている。

## （7）一時預かり事業

　家庭において保育を行うことが一時的に難しくなった乳幼児を保育所等で一時的に預かる事業である。利用者の状況に合わせて①一般型（保育所や地域子育て支援拠点などで一時的に預かる），②余裕活用型（保育所等で定員に達していない場合，定員の範囲内で一時的に預かる），③幼稚園型（幼稚園で教育時間の前後の時間帯で預かる），④訪問型（家庭に訪問して一時的に預かる）の4型で構成されている。核家族のため，ちょっと子どもを預けたいと思っても頼ることのできる親族が身近にいないことや，親の多様な働き方が増える中で，就労に応じた保育ニーズが発生しており，一時預かりのニーズは高くなっている。

## 第4節　子育て支援の実際

### 1．子育て支援の対象

　具体的な子育て支援を紹介するにあたって，子育て支援とは何を対象として支援を行うことなのかを理解しておきたい。

　子育て支援のターゲットとしては，①子ども，②親，③親子関係，④地域社会の4つが挙げられる（山縣，2011）。①の子どもについては，子どもの育ちを支えることである。子どもは成長・発達していく存在である。その育ちを保障することを指している。②の親については，親が親として育つこと，親育ちとなる。親を子育て支援のターゲットとしてとらえるとき，以下の3つの側面から支援することが重要である。

　　①子どもとの関係性のなかでの「親として」の側面

　　②家族や夫婦を構成する「家族の一人として」の側面

　　③一個人としての側面

　子育て中の日常生活においては，「親として」の側面が強くなることが多いが，この3つの側面が有効的に働くことで「親育ち」が可能となっていく。また，④の地域社会も欠かせない視点である。親は子育て支援の場でのみ，子育てを行っているのではない。むしろ，地域社会において，子どもと向き合いながら，過ごしている時間の方が圧倒的に長いのである。親が地域社会で子育てを営む力を発揮するようになること，また，地域社会が子どもや子育て中の親を受け入れ育む場となることが求められている。

### 2．具体的な支援活動

　具体的な子育て支援の取り組みとして，ここでは，当事者や地域住民が取り組む子育て支援活動を紹介する。保育所等で行われている具体的な取り組みについては，別科目「子育て支援」にて学習されたい。保育所等に従事する保育者が，地域でどのような子育て支援に取り組まれているのかを知り，子育て支援の連続性や連携等を意識することで，つながりのある子育て支援の提供が期待される。

## （1）子育て当事者による子育て支援活動

　新潟市西区で行われている子育て支援活動「子育てネットワーク Daijobu（だいじょうぶ）」について紹介する。

　「子育てネットワーク Daijobu」は，地元公民館を会場として活動していたサークルが減少するなかで，サークル同士のネットワークを立ち上げることをきっかけに活動を始めた。活動の中心となっているのは，子育て当事者の母親たちとなっている。スタッフミーティングと「子育てなんでも Daijobu」として，子育て中の親が集まる会をしている。会の内容としては，その時の対象者のニーズに焦点をあてつつ，「スタッフがやりたいこと」を大切にしながら計画を立てている。これは，スタッフが子育て当事者であることから可能となっており，これらの会・運営が，スタッフのエンパワメントにつながっている。会の内容は多様であるが，参加者同士が互いに，話をすること，聞く場である「しゃべり場」を継続的に設定してきた。自らのことを話すことで，リフレッシュできることはもちろんのこと，話したくはなくても，他の人がどのように子育てをしているかを聞くことで，「自分だけが悩んでいるのではなく，同じような悩みを抱えている人がいる」という共感を生み出すことにつながっている。また，スタッフにとっても，この「しゃべり場」をまとめる役割を担うことから，「人の話を聴く」「話を引き出す」技術について学ぶ機会にもなっている。

　子育て当事者が中心となって行っているこの活動では，参加者がスタッフとして活動に参加したり，スタッフが友人を連れてきたりすることがある。その背景には，参加者がスタッフの様子をみて「小さい子どもがいても，社会の一員として活動ができる」ことに気づき，活動参加への動機づけとなっているこ

図 7-5　子育てなんでも Daijobu の様子①

図 7-6　子育てなんでも Daijobu の様子②

とや，スタッフ自身が活動を楽しんでいることがあげられる。

## （2）住民主体による子育て支援活動

　新潟市南区で行われている子育て支援活動「子育てオーエンジャー☆みなみ」について紹介する。

　新潟市南区では地域における子育て支援の向上を目的に，日頃から子育て支援に関わっている地域住民に集まってもらい，地域特性や今日の子育て環境への理解から支援の必要性について学んでもらう機会を設けた。その参加者が集まって，子育て支援活動を行う団体「子育てオーエンジャー☆みなみ」が誕生した。この地域の特性として，行政区が広いこと，集落が点在していること等から，できるだけ住民に近い集落で気軽に参加できる「ひろば」の開催を行うこととなった。現在，区内で5つの「ひろば」を開催している。その特徴として，以下のようなことがあげられる。

　　①すでに地域に存在する公共施設等を利用して活動すること
　　②各「ひろば」の開催担当者はその集落近郊に在住しており，地域特性に
　　　精通していること
　　③担当以外の「ひろば」開催時でも互いに助け合いながら運営を行うこと

　スタッフは，子育てに一段落ついたメンバーであり，子育て経験のある先輩として，子育て中の親にとっては身近な存在となっている。ここでは，その1つである「ひまわりカフェ」について紹介する。

図7-7　参加同士でちょっとリラックス

図7-8　小学校の子どもと参加した子どもの
　　　　触れ合い

　「ひまわりカフェ」は地元の小学校の空き教室を活用して行われている。開催時には，乳幼児を連れた保護者が集まってきて，ひろばのスタッフによる絵本の読み聞かせや，親同士の交流を行っている。また，小学校を会場としていることから，休み時間には，小学生たちもやってきて，参加している乳幼児たちとの交流も行っている。

　この地域には，子どもたちが集まる公共施設がこの小学校のみとなっており，地域で子育てをしている親同士の交流がしたいと思っても，そのような場が存在しない。地域に密着した子育て支援の場が必要とされている今日，多様な地域資源を活用した子育て支援の場が期待されている。

## 3．子育て支援におけるエンパワメント

　ここでは，2つの子育て支援の実践例を紹介した。いずれの実践例においても，子育て支援の4つの対象に働きかける内容となっている。

　こういった子育て支援の実践において重要とされているのは，エンパワメントの考え方である。子育て支援は，親の弱さに着目するのではなく，これまでの経験や子育て環境によって阻害されている親の力を引き出していくことが必要である。

　子育てにおける親のエンパワメントの発展段階は図7-9の通りである。支援を受けることで，安心したり，ホッとしたりする経験をした親は，積極的にサービスを活用することとなる。また，子育てへの関心や問題意識が高まることとなっていく。サービス利用や関心の高まりを通して，仲間ができることによって，子育てに前向きに取り組むことが可能となり，主体的な活動への参加に取り組むようになる。その結果，地域社会における社会的な活動への参加とつ

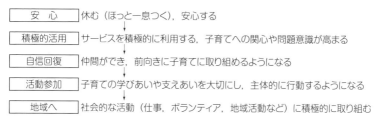

**図7-9　子育てにおける親のエンパワメントの発展段階**（渡辺，2009）

ながっていくといえる。

## 第5節　子育て支援の今後の課題

### 1．必要な人に必要な支援を：「包括支援」の視点

　子育て支援は，いずれの支援であっても，子育て中の親にとって必要な支援そのものを指しているが，どのような支援が必要なのかについては，親，子ども，親子関係，地域との関係の違いによって，個々それぞれに違ってくる。子どもの人数や親の就労状況，近親者からの支援の有無なども必要な支援の違いにつながっていくだろう。こういった子育て中の親の多様なニーズに応える形で，その支援の内容も多様となってきた。今日，子育て中の親は，自らの必要性に応じた支援のマネジメント（調整）を行いながら，子育ての充実を図ることが求められるようになっている。

　そうはいっても，現実的にはどのような支援が自らに必要なのかを理解し，その支援の利用につながっているかというと難しい現状がある。

　地域子育て支援拠点利用者に，子育て支援の1つである「相談」について，利用したことがあるかどうかを尋ねたところ，子どもとの関わりや子どもの成長・発達については一定程度の利用者が相談している一方で，「相談先がわからなかった」「相談する場所がない」といった理由で相談していない利用者がいることも明らかになった（小池ら，2014）。地域子育て支援拠点を利用していても，サービス利用に十分な理解がなされていない現状がある。

　2015（平成27）年度から，地域子ども・子育て支援事業として「利用者支援事業」が取り組まれている。この事業を通じて，適切な利用支援を受けることで，サービスを必要とする人が必要な支援を受けることができる体制を構築していくことが課題となっている。

### 2．訪問型支援の展開

　これまでの子育て支援は，親子が利用する場としての拠点の開設や，相談や情報提供の窓口の設置といった，子育て中の親が主体的に出向いていって利用する形の支援が中心であった。このような支援のあり方が一定の効果を生んで

きたことと同時に，主体的に出向くことが難しい親へのアプローチが不十分なままとなっている。子育て支援は，親の選択によるサービス利用が中心となる。親が利用しようと思わなければ，子どもの福祉的な視点からみて，支援が必要な状況であったとしても，利用にはつながらない。今日では，そのような親に対する訪問型の支援が必要とされている。地域子ども・子育て支援事業にある「乳児家庭全戸訪問事業」や「養育支援訪問事業」，母子保健としての「産前・産後サポート事業」「産後ケア事業」といった取り組みが有効に機能していくことが期待されている。

## 3．質の向上

　前述のように，子育て支援は親の主体的な利用が原則となる。親が「利用したい」という思いをもつことができなければ利用にはつながらない。そのためには，子育て支援にかかわる人たちの資質も問われることとなるだろう。子育て支援者に求められる資質として，子育て当事者への「受容的態度」や「共感」，「傾聴」といった対人支援における基本的な内容に加えて，子育て中の親が抱える不安や悩みの緩和・解消につながる「解決力」や，保育士をはじめとする専門職が他の専門職とつながる「連携」「ネットワーク力」も必要となってくる。

　2015（平成27）年度から「子育て支援員」の養成が始まっている。保育や社会的養護など多岐にわたる分野での活動が期待される養成となるが，地域子育て支援のコースも設置されている。保育士等，これまで関わってきた専門職がさらなる質の向上を目指すことはもちろんのこと，子育て支援に関わる人たちが，一定の知識と技術を習得することで，子育て支援の質の向上につながることを期待したい。

### ▌この章の小課題▐■■■■■■■■■■■■■■■■■■■■■■■■■■■■■■■■

1．少子化が子育て家庭にもたらす影響についてまとめよう。
2．多様な子育て支援制度について，だれがその担い手となっているのかを調べてみよう。
3．実際に保育所や地域で行われている子育て支援について，調べてみよう。

■■■■■■■■■■■■■■■■■■■■■■■■■■■■■■■■■■■■■■■■■■■■

# A市の子育て支援センターを訪問して

　先日，A市の子育て支援センターを訪問しました。保育園と隣接した建物に，子どもたちの遊び場と保護者同士のおしゃべりの場が設けられていました。そこで働く職員の方（保育所での経験が何十年と長いベテランの保育者）のお話の内容や筆者が大切だと感じたことを，いくつかまとめましたので，紹介させていただきます。

## 来訪時とお帰りの時の挨拶を大切にしています

　親子の来訪時は，必ず挨拶をしますが，保育園勤務の習慣で，最初は元気な声で「おはよう！」と言っていました。でも，ここはお母さんがほっとする場なので，もう少し控えめで優しくほっとできる雰囲気を作るために，普段と変わらない声の大きさで挨拶をすることを心がけるようにしました。

　帰宅時も同じように「気持ちよく帰ってね」「元気になって帰ってね」という気持ちをこめて送り出しています。たまに黙ってさっと帰る親子がいると，「さようなら」が言えないと悔やむ時もあります。とにかくスタッフの誰かが必ず，挨拶をして気持ちよく帰ってもらうように努力しています。

## スタッフが常にお母さんの中に入るように心がけています

　スタッフがお母さんの中に入り，ちょっとした相談を拾うように心がけています。その際，なにげない愚痴を拾うのもよいと思います。それがきっかけになり，安心して大事な悩み事を話せるようになります。小さな相談から大切な相談へつながるように心がけています。

## 土曜日にお父さんが来てくれるようになりました

　イクメンと呼ばれるようにお父さんの育児参加が大切だと思います。また，お父さんに育児に参加してもらうために，お父さんがお子さんを連れて来訪された時は，「お父さん，お子さんの面倒をみて偉いわね」ととにかく誉めるようにしています。また，このセンターではお父さんのための講座も開設しています。子どもを取り巻く人たちみんなをまきこんで子育てを担うようにする必要があると思います。

## センター内では，携帯電話やスマホの利用を控えてもらっています

　最近は，携帯やスマホを見ながら子どもと関わっている親が多いと感じています。また，ラインやツイッターなどで母親同士，交流しているお母さんも多いと感じています。スマホなどを活用してママ友（友だち）をつくることもよいと思います。センター内でもスマホや携帯を見ている人がいますが，その場合，ここにいる時だけでもおもちゃで遊んだり，お母さん同士でおしゃべりを楽しむように言葉がけをしています。直接，悩みを聞いたり，おしゃべりを楽しむことで親の不安やストレスが解消すると考えています。

## 相談された時は，できるだけ直接，アドバイスしないようにしています

　保育者としての長年の経験から，アドバイスすることはとても簡単ですが，あえてそうしないようにしています。それは，親同士，自分達で解決して欲しいという願いがあるからです。質問された時は，時には周囲のお母さんに，「このことはどうだった？」と聞いてみたりします。お母さん同士のほうがよいアドバイスになったりします。そうして，親同士で問題を解決することが大切だと思います。

## 保育園と異なり，家庭的な雰囲気を大切にしています

　たとえば，壁面にお母さん向けの子育て情報が掲載されていたり，机やおもちゃの置き場にお母さん向けのメッセージが書いてあります。カーテンやカーペットの色なども淡い色にして，保育で好まれる赤や青色などの原色は使いません。また保育園のような壁面もありません。エプロンなどにも気を遣って淡い色にしています。お母さんが安心できるような家庭的雰囲気を大切にしているからです。

　以上です。地域の親子を支援する子育て支援センターの職員さんにお聞きすると，いろいろな考え方や親子への関わり方があるとわかります。

　正解は一つでないと思います。それぞれが試行錯誤しながら地域の子育て支援に貢献されることが大切かもしれません。

# 第8章

# 保育の思想と歴史

◆この章で学ぶポイント◆

1．欧米における保育の思想と歴史を理解しよう。
2．日本における保育の思想と歴史を理解しよう。
3．保育の歴史が今の保育にどう影響しているか考えてみよう。

　あなたが考える「子ども」とはどのようなものだろうか。私たちが当たり前のように思っている「子ども観」や「子どもの教育」に対する考え方は，過去の多くの教育者の思想や実践を基に成り立っている。今の私たちの「子ども観」がどこからきて，どのような意義があるのか，そして現代の保育現場で行われるさまざまな活動の「なぜ？」を，保育の歴史から考えてみよう。

## 第1節　諸外国の保育の思想と歴史

　子どもを大人とは異なる存在として教育するという，今では当たり前のように思える考え方が唱えられるようになるのは，16世紀以降のことであった。「子どものための教育」はいつ，どのように始まったのだろうか。この節では，主に西洋の保育の歴史を，幼児教育に大きな影響を与えた思想家・実践家の考えを通して学んでみよう。

## １．近代的な教育観誕生以前の思想家たちと幼児教育論

### （1）エラスムス

　子どもを「小さな大人」とみなしていた時代において，子どもの発達段階に合わせた教育を行うことの重要性を初めて説いたのが，キリスト教人文主義者として有名な神学者エラスムス（Desiderius Erasmus, 1466-1536）だった。エラスムスは，『幼児教育論』（1529 年）*1 の中で，ひたすら丸暗記することを求めた中世の教育を批判し，子どもの教育には遊びが有効であること，さらに当時は当たり前のように行われていた体罰を止めるべきだと主張した。また，子どもは集団の中で教育するのではなく，子どもの適性や性格の違いを考慮して個別に教えることが好ましいと述べるなど，エラスムスの考えは当時としては画期的なものであった。

### （2）コメニウス

　エラスムスが『幼児教育論』を出版してから約 100 年後に，『大教授学』（1638 年）や『世界図絵』（1658 年）など教育に関する書物を数多く発表したコメニウス（Johannes Amos Comenius, 1592-1670）は，「近代教育の父」と呼ばれている教育思想家である。特に『母親学校の指針』（1633 年）と『汎教育』（1657 年）以降において，コメニウスは，教育史上初めて就学前の幼児の教育について詳しく論じており，その内容はルソーを先取りするところもあった。コメニウスは，「幼年期の学校」として 6 歳までの就学前の幼児を 6 つの発達段階に分け，年齢に応じて何を身につけるべきかを具体的に示したほか，「誕生前の学校」として胎教の重要性についても論じている。子どもには視覚を通した直観的な教育法を重視し，絵を用いた教科書『世界図絵』を発表するなど，その教育観を教材として具体的に示した点でも注目に値する。

## ２．「子どもの発見」と新しい子ども観

　コメニウスからさらに 100 年を経て，ルソーやペスタロッチーの登場により，

---

　＊1　一般に『幼児教育論』と呼ばれるが，正式名称は『子どもたちに良書と文学を惜しみなく教えることを出生から直ちに行う，ということについての主張』（De pueris statim ac liberaliter instituendis declamatio）である。

現代の幼児教育に直接影響を与える新しい子ども観そして教育思想が生まれてきた。「子どもの発見」とはどのような意味で，またどのように幼児教育と関わっているのだろうか。

## （1）ルソーと子どもの発見

「万物をつくる者の手をはなれるときすべてはよきものであるが，人間の手にうつるとすべてが悪くなる」。ルソー（Jean-Jacques Rousseau, 1712-1778）の有名な『エミール』（1762年）第1編の最初の言葉である。この言葉には，すべての子どもは善の状態で生まれてくるという彼の子ども観がよく表れている。一般に「子どもの発見」者と呼ばれるルソーは，子どもを大人とは別の存在として認め，教育は子どもの「自然の歩み」に合わせてなされるべきだと主張した。子どもに強制的に教え込むことを批判し，大人からは積極的に子どもに働きかけないことが大切であると考えた。ルソーのこの教育観は後に「消極教育」と呼ばれるようになった。人間の理想の形は，生まれたままの自然状態にある子どもだという新しい子ども観を示したルソーは，新たに子どもを「発見」したのであり，この考え方は，ペスタロッチー，フレーベルへと継承されていき，現代の保育・教育の出発点となった。

## （2）ペスタロッチー

「民衆教育の父」と呼ばれるペスタロッチー（Johann Heinrich Pestalozzi, 1746-1827）は，フランス革命やナポレオンの台頭などヨーロッパ全土が大きく変わった時代を生きたスイスの教育実践家である。『隠者の夕暮・シュタンツだより』（1780年）は，ノイホーフの貧民学校での教育実践（1769-80年）に基づくもので，ペスタロッチーはその中で「家庭の幸福は，最も良き，最も著しい自然の関係である」と述べ，人間を育てる基盤として家庭生活の意義を説いた。また「教育は子どもを自然の道に導き入れて進めていくことが大切である。けっして周囲の者が欲張って子ども達を圧迫してはならない」の言葉には，彼がルソーの思想を継承していることがうかがえる。さらに『ゲルトルート児童教育法』（『ゲルトルートはいかにその子らを教えるか』（1801年）においても，幼児期の子どもにとっての母親の愛情を重視したほか，『幼児教育の書簡』

(1818-1819 年) では，幼児教育における絵画や音楽の重要性を説いた。

　ペスタロッチーは，抽象的な概念を一方的に教え込む教育に対して，具体的な事物や現象を直接観察することを通して体験的に子どもの認識を発達させる教育方法を提唱し，それは「直観教授法」と呼ばれている。この直観教授法を用いた集団に対する教育指導法が「メトーデ」と呼ばれる。またペスタロッチーは，子どもを「知的存在」「道徳的存在」「身体的存在」の 3 つの側面からとらえ，頭と心と手を調和的に発達させることを重視し，その調和的教育は家庭での日常生活において可能になるとして「生活が陶冶する」と『白鳥の歌』(1825 年) で述べている。フレーベルやオウエンもペスタロッチーの学園を訪れており，ペスタロッチーの教育実践はヨーロッパ全土に大きな影響を与えた。

## 3．欧米における保育施設の設立

　18 世紀後半から 19 世紀にかけてのヨーロッパは，産業革命によって人々の暮らしが大きく変化した激動の時代であった。農村から都市部に流入した多くの人たちの労働環境は劣悪で，低賃金や長時間労働のほか，5，6 歳頃から働き始める児童労働と虐待，大量の失業者，アヘン中毒などが大きな社会問題となっていた。また両親が工場へ働き出て家に残された 2，3 歳の子どもたちは不衛生で無法状態に近い街に放り出され，都市部において大きな社会問題になっていた。また 18 世紀後半のヨーロッパは，オーストリア継承戦争 (1740-48)，7 年戦争 (1756-63)，フランス革命 (1787-99) など大きな戦争や騒乱が続いたため，農村部においても戦乱によって村々が荒廃したうえ，戦争によって親を失った子どもたちは，生活の糧を失い極貧の中での生活を強いられていた。このような社会状況の中で，貧困層の子どもたちの救済と教育のためにヨーロッパでは保育施設が設立されていった。18 世紀後半に設立された保育施設に焦点を当てて考えてみよう。

## (1) オーベルランの「編物学校」フランス

　ルター派の牧師であったオーベルラン (Johann Friedrich Oberlin, 1740-1826) は，フランス北東部のヴォージュ地方にある貧しい山村に赴任し，農業の指導を行ったほか，道路整備や工場の誘致など，戦乱と貧困に苦しんでいる

村の立て直しに取り組んでいた。1769年には，貧困を原因とした道徳的，知的
害悪から子どもたちを守るため「幼児保護所」を開設した。この施設には，6
歳前後までの幼児を対象とする施設以外に，10歳ぐらいまでの子どもに聖書
やフランス語の読み書きのほか計算や地理などを教える学校，働く成人を対象
にした学校が設置されていた。ここで母親たちに生計をたてるための編み物も
教えていたため，オーベルランの作った幼児保護施設は「編物学校」と呼ばれ
ている。教育と保護を目的としたこの「幼児保護所」は，世界最初の子どもの
保護施設として知られ，イギリスやドイツなどヨーロッパの国々に大きな影響
を与えたことが知られている。

## （2）オウエンの幼児学校

　世界で最初に産業革命が始まったイギリスは，世界で最も早く劣悪な労働環
境とそれにともなう貧困児や浮浪児の社会問題に対処することが求められた国
でもあった。オウエン（Robert Owen, 1771-1858）は，紡績工場の経営者であ
るとともに，イギリスを代表する空想的社会主義者であり，また下層労働者の
救済を目指した協同組合運動を代表する人物だった。オウエンは，スコットラ
ンドのニューラナークの紡績工場の経営者となった際，その劣悪な教育・衛
生・住環境が犯罪や道徳的な荒廃をもたらしているのを目の当たりにして驚愕
した。人の性格は本人には変えられない周囲の環境によって形成されるため，
正しい人格形成には幼少期より適切な環境の中で育つ必要があると考えていた
オウエンは，幼い孤児たちが紡績工場で働くことを禁じ，さらに1816年には，
自分の経営するスコットランド・ニューラナークの紡績工場の中に「性格形成
学院」を設立した。オウエンはこの学院の中に，1歳から6歳の子どものため
に英国で最初の「幼児学校」（nursery-infant school）を設け，両親が働いてい
る間の子どもたちを保育した。この幼児学校に通う子どもたちは男女とも制服
として白い綿のチュニック（ジャンパースカート）を着ていた。体罰や叱責な
ど伝統的な教育方法をやめ，子どもの性格形成を重視したオウエンは，カリキ
ュラムに地理，歴史，芸術のほか歌やダンスと音楽を取り入れたほか，子ども
を戸外へ連れ出すなど教育方法に工夫を凝らした。オウエンの幼児学校はその
後イギリス全土に広がり，今日の保育施設の始まりとしての意義は大きい。

## （3）マクミラン姉妹の「保育学校」

　マクミラン姉妹（姉 Rachel McMillan, 1859-1917，妹 Margaret McMillan, 1860-1931）は，女性参政権の運動に関わるなど社会主義者として活発な活動をした。マクミラン姉妹は，1892 年にイギリス北部の工業都市ブラッドフォードのスラム街の子どもたちの教育環境と住環境の改善に関わるようになり，妹のマーガレットは英国で初めて小学校で健康診断を実施したほか，姉妹で 1908 年にロンドン東部に英国で最初の学校医院を開設し，貧困層の子どもたちの健康状態の改善に努めた。1911 年から「ナイト・キャンプ」を開設し，就寝前のシャワーや朝食の提供など，子どもの栄養や衛生，習慣の指導行い，1913 年には「キャンプ・スクール」として 6 歳から 14 歳の子どもたちの生活習慣を改善する学校を始めた。1914 年には 6 歳未満の幼児を対象にした「ベイビー・キャンプ」を始め，これをデットフォードの人々は「子ども部屋」や「保育室」を意味する nursery と呼んだ。このベイビー・キャンプは，1917 年に「レイチェル・マクミラン屋外保育園」と改名された。マーガレットは『保育園』（1919 年）の中で，「すべての子どもを自分の子どものように教育しなさい」という言葉を，モットーとして掲げている。マクミラン姉妹の保育学校は，オウエン，ペスタロッチー，フレーベル，モンテッソーリなど当時の先駆的な保育を取り入れ，英国の保育学校（nursery school）のモデルとなった。

## （4）フレーベルの幼稚園

　「幼児教育の父」と呼ばれるドイツの教育家フレーベル（Friedrich Wilhelm Fröbel, 1782-1852）は，世界で初めて「幼稚園」（kindergarten）を創立したことで知られている。小学校の教師をしているときにペスタロッチーの学園を訪れて影響を受けたフレーベルは，自らも 1816 年に「一般ドイツ教育所」という学校を始め，翌 1817 年にはカイルハウに移りカイルハウ学園として，そこでの教育実践をもとに『人間の教育』（1826 年）を執筆した。その後スイスで教員養成に関わったフレーベルは，次第に幼児教育に強い関心を抱くようになり，1839 年には幼児教育の指導者の育成と母親の教育のために「幼児教育指導者講習科」を設立し，ここに 6 歳以下の子どもの「遊戯及び作業教育所」を付設した。この「遊戯及び作業教育所」が，翌 1840 年に「一般ドイツ幼稚園」と

改称され，世界で初めての「幼稚園」が誕生したのである。フレーベルが幼稚園を開設した理由の１つは，「母性教育」にもあった。フレーベルは，1844年に育児書『母の歌と愛撫の歌』を発表している。これは歌と歌に合わせた絵と解説から成る育児書で，母親が幸せな思いで子どもに歌を聴かせ遊ばせながら子どもの心身を育み，乳幼児教育の基本を学べるように工夫されている。

　フレーベルは，人間の本性は善であり，教育は自己の活動を通して内部から発展させることであると考えた。遊びの重要性から，神からの贈り物という意味の「恩物（Gabe）」を考案した。この「恩物」は，毛糸の球やさまざまな形をした木片などで，系統的に考えられており，法則に則って遊ぶ教育教具である。この「恩物」には遊び方に規則があったため，幼児の自発性や創造性を制限するとして，その後「恩物」を使った保育を「フレーベル（教条）主義」として批判されるようになった。フレーベル主義の幼稚園や教育思想は，イギリスやフランス，アメリカへと広がり，日本には，アメリカのフレーベル幼稚園の影響を受けながら，1876（明治9）年に，東京女子師範高等学校に移入された。

### （5）モンテッソーリの「子どもの家」

　モンテッソーリ（Maria Montessori, 1870-1952）は，イタリアで活躍した女性医師である。彼女はまずローマ大学附属精神病院で，イタールやセガンの感覚訓練法を用いながら，知的障害児の治療に従事した。この経験を生かして1907年に，ローマのスラム街で健常児を対象に「子どもの家」を設立した。「子どもの家」では，生活用品のすべてが子どもの使いやすいサイズに整えられているほか，感覚器官を訓練することにより子どもの知的・精神的な発達を促すことができるという考えに基づいた「モンテッソーリ教具」が使用され，系統的な言語訓練，感覚訓練，生活訓練が実践された。「子どもの家」での実践から生まれたモンテッソーリ・メソッドは欧米に広まり，大正時代には日本の幼稚園にも紹介され現在に至っている。

### （6）進歩主義幼稚園の台頭とデューイ

　アメリカで設立された最初の幼稚園は，故郷でフレーベルの保育を学んだシ

ュルツ夫人（Margarethe Schurz）が，1854 年にウィスコンシン州のドイツ入植地で近所の子どもを集めて始めた「母語ドイツ語を使う」小さな園であった。アメリカ人のための英語による幼稚園は，1956 年に『アメリカ教育誌』に掲載されたフレーベルの幼児教育に関する論文を読んで興味をもったピーボディ（Elizabeth Peabody, 1804-1894）が，1860 年にボストンに開設したものが最初である。ピーボディは，幼稚園を始める前年の 1859 年に，シュルツのフレーベル主義の幼稚園を見学し参考にした。自らドイツに行き幼稚園教育について学んだほか，ヨーロッパから数多くの幼稚園教諭をアメリカに招いたりもした。さらに幼稚園教員向けの雑誌『幼稚園だより』（1873-77 年）の編集者として幼稚園教育の拡充に努め，1880 年にはアメリカ国内 30 州で 400 もの幼稚園が開設されるに至った。

　しかし 19 世紀末になり児童研究が盛んになると，形式だけを重んじるフレーベル主義の幼稚園が，アメリカ進歩主義教育を代表するデューイ（John Dewey, 1859-1952）などにより批判を受けるようになった。進歩主義の幼稚園では，幼児の発達を理解し，子どもの興味や欲求に応じて保育を行うことを重視していたからであった。デューイは，1896 年にはシカゴで実験学校を始め，ここでの実践記録が『学校と社会』（1899 年）に記されているが，子どもたちは経験によって学んでいき，遊びの中で子ども自らが問題を発見し解決することが大切にされた。

　アメリカの幼稚園は，19 世紀半ばにフレーベル主義の幼稚園で幕開けしたが，1910 年頃には，進歩主義の幼稚園が一般化した。このデューイの新教育運動は，大正自由教育の波に乗って，日本の教育・保育にも，児童中心主義や活動主義の教育として，大きな影響を与えることになる。

## 第2節　日本の保育の思想と歴史

### 1．幼稚園の成立と変遷
### （1）幼稚園の誕生と保育内容

　欧米諸国に遅れて近代化を進めることになった明治政府は，幼稚園を含む教育制度の確立においても，欧米の進んだ学校文化を積極的に取り入れようとし

た。このような教育制度の近代化（欧米化）は政府主導の政策であったが，設立当初の幼稚園に通うのは，実際には上流階級の子どもたちばかりであった。日本で最初の幼稚園は，京都の柳 池小学校の校舎の一部を使用して開設された「幼稚遊嬉 場」であった。1875（明治 8 ）年 12 月に開設されたこの幼稚園は，フレーベルのキンダーガルテンに影響を受けたもので，フレーベルが「遊戯」を重んじたことから「遊嬉場」と呼ばれ，フレーベルの恩物に倣って積み木などの遊具が使用されたようであったが，幼児教育に対する認識がまだ十分でなかった当時はあまり受け入れられず 1 年半で閉鎖されている。

　ただ，幼稚遊嬉場は 1872 年（明治 5 年）に発布された学制に基づく「幼稚小学」ではなく，学制に従った日本で最初の「正式な」幼稚園は，1876（明治 9 ）年に東京女子師範学校校長の中村正直の建議により設立された東京女子師範学校附属幼稚園ということになる。

　関信三を園長として 1876 年に開園された東京女子師範学校附属幼稚園では，主席保姆に母国ドイツのフレーベルの養成学校で学んだ松野（チーテルマン）クララを置き，保姆の豊田芙雄と近藤濱が中心となり，フレーベル式保育を実践した。附属幼稚園では 3 ～ 6 歳児を保育の対象にし，保育時間は 4 時間となっていた。保育科目は，物品科，美麗科，および知識科の三科からなり，フレーベルの恩物操作が中心で，その他に，唱歌，遊嬉，説話，博物理解，体操などがあり，これらの科目が 20 ～ 30 分単位の時間割にそって進められた。唱歌・遊嬉・説話は外国のものを漢文調に訳し，それを保姆が，子ども向けに文語調（堅苦しい書き言葉）に改めたもので，子どもには難しいものであった。日本にも昔から伝わるわらべうたや昔話があったにもかかわらず，恩物以外の保育内容までも，海外のものを直輸入していたのだった。

　この東京女子師範学校附属幼稚園の保育がモデルとなって，フレーベル式恩物中心の幼稚園が，日本に普及していった。1879 年（明治 12 年） 4 月には鹿児島女子師範学校附属幼稚園が開設されている。これは東京女子師範学校附属幼稚園の豊田芙雄が鹿見島県に招かれて，その指導のもとに開設されたものであった。また同年 5 月には大阪府立模範幼稚園，さらにこれを模範として 1880（明治 13 ）年 5 月には愛珠幼稚園が開設されている。この頃から私立の幼稚園も開設されはじめ，明治十年代の後半には各地に公立・私立の幼園が開設された。

## （2）幼稚園の急増とフレーベル主義への批判

　1887（明治 20）年頃より幼稚園の数は毎年 20 から 30 園の割合で増え続け，1897（明治 30）年には，キリスト教主義の私立幼稚園の増加などもあり全国の幼稚園数は 200 を超え，当時小学校に入学する児童の約 1 ％が幼稚園を修了するようになった。このような幼稚園の急増にともない幼稚園の制度化を求める声が高まり，1899（明治 32）年には文部省が「幼稚園保育及設備規程」を公布するに至った。この規定は，保育時間，保母一人当たりの幼児の数，幼稚園の建物や施設等に関して定めたほか，保育内容を遊戯・唱歌・談話・手技とした。ここで「遊戯」を最初に置き，フレーベル主義で中心的な意味をもつ恩物を「手技」に含めたところに，当時の新しい幼児教育の志向を読み取ることができるだろう。

　明治後期になると，東 基吉，和田 實らが，恩物中心のフレーベル主義の保育を批判し，幼児の自発的な活動である遊びを重視するように主張するようになってきた。東京女子師範高等学校教員と附属幼稚園批評掛（1900〔明治 33〕年）を兼務した東基吉は，子どもには口語体の歌いやすい歌が必要だと考え，東の妻くめと瀧廉太郎が「鳩ぽっぽ」や「お正月」など，現在も歌い継がれている歌を作り出していった。東は著書『幼稚園保育法』（1904 年）の中で，保育内容を子ども中心に変えて，子どもの生活に即し，子どもが楽しめるような唱歌やお話を提供することの意義を説いた。また，「幼児教育」という言葉を初めて使った和田實は，保育を科学的に論じようと試み，遊びを主軸とした保育論を展開し，1908（明治 41）年に中村五六と共著で『幼児教育法』を，1932（昭和 7）年には単著で『実験保育学』を発表した。

## （3）倉橋惣三と児童中心主義の保育

　1917（大正 6）年に東京女子高等師範学校附属幼稚園の主事になった倉橋惣三（1882-1955）は，約 40 年にわたり我が国の幼稚園教育界で理論的・実践的指導者として活躍した。倉橋は，1919（大正 8）年から欧米へ留学し，デューイや『児童の世紀』（1900 年）を著したケイ（Ellen Key, 1849-1926）らによるアメリカの児童中心主義を謳う新教育運動に触れて大きな影響を受けていた。倉橋は，東京女子高等師範学校附属幼稚園において明治以降続けられていた形

式的な「恩物主義」の保育を排して，子どもの自発的な活動・自由遊びを基本
とした保育を導入した。自分の考える保育方法を倉橋は「誘導保育」と呼び，
その著作『幼稚園保育法真諦』（倉橋，1934）において保育論を展開した。倉橋
の保育思想を象徴的にあらわすものが，『幼稚園保育法真諦』に記された「生
活を生活で生活へ」という言葉である。これは，子どもの自然な生活（さなが
らの生活）の中で，保育者が用意した環境のもとで子どもは充実感を得て生活
をし，子どもの生活や興味が系統的に発展し深まり，子どもが自分の成長を実
感できるように導かれていくことを意味した。このように子どもの生活を中心
にした保育での保育者の役割は，子どもが経験を通して学べるように，環境を
設定し，子どもを誘い・促し・助けることであるとした。倉橋が附属幼稚園で
展開した新しい実践は，最新の保育方法として講演や雑誌などで紹介され，全
国の幼稚園へと普及してゆき，日本における児童中心主義保育の基礎が築かれ
た。

### （4）城戸幡太郎と社会中心主義の保育

　「幼児の教育といえばだれしもフレーベルを思い出さない者はないであろう
が，オー（ウ）エンを思い出す者は少ないのではあるまいか。」これは城戸幡太
郎（1893-1985）の代表的な著作『幼児教育論』（城戸，1939）の言葉であるが，
この言葉は城戸の保育観を考える上で示唆に富んでいる。第1節で述べたよう
に，オウエンは社会改革の一環として貧困にあえぐ労働者や働く子どもたちの
ために幼児学校を設立したが，城戸もまた社会の改革と幼児教育とを結びつけ
て考えていた。急激な近代化によっておこった社会構造の変化が，家庭生活を
破綻させたために本来家庭がもつべき教育力が失われ，子どもの成長に好まし
くない環境になったと考えた城戸は，両親の再教育の場として幼児保育施設を
考えた。また倉橋を中心とする「児童中心主義」の保育に対して，幼児の自己
中心的あるいは利己的な生活を，集団生活によって共同的生活へと高める社会
中心主義保育の必要性を説いた。共同社会の成員として生活力のある子どもの
育成を目指す城戸は，就学前の幼児教育を国民の基礎教育と位置づけ，子ども
を大人が導く必要性を主張して，「社会教育の訓練」を保育の目的として示した。
集団主義保育の理論的指導者である城戸は，1936（昭和11）年に「保育問題研

究会」を設立し会長として活躍した。

## 2．保育所の成立と変遷

　オーベルランやオウエンが幼児の集団保育施設を設立したのは，ヨーロッパ
での産業革命や戦乱等の影響で保護を失った子どもたちの擁護が必要とされた
からであった。日本においても保育施設成立の理由は同じで，子守りのために
学校に通えない児童のための子守学校や託児施設，貧困のために両親とも働き
に出る子どもを保護する施設が必要となったのだった。幼稚園設立が，政府の
近代化政策として進められたのとは対照的に，困っている親と子どものための
託児所や保育所の設立は，主に民間の手に任されていた。

### （1）地方における子守学校・託児所の成立

　明治政府は 1872（明治 5）年の学制に示された基本方針に基づいて，急速に
小学校の設置に着手した。しかし，子守・奉公のために学校に通えない児童も
大勢いて，または通えたとしても幼い子どもを背負って学校へ来ることもあり，
幼い弟妹も一緒に連れてくることのできる「子守学校」が作られた。1883（明
治 16）年に，渡辺嘉重が茨城県小山村（現・坂東市）に開設したものが，子守
学校の最初と言われており，これが日本の保育所の先駆けであった。

　経済状況が悪化して大不況に見舞われた 1885（明治 18）年頃には，地方で
も多くの自作農が崩壊していった。このような状況の下，1890（明治 23）年に
新潟県の赤沢鍾美・ナカ夫妻が，学校へ通えない貧しい家庭の子どものために
私塾「新潟静修学校」を開校した。幼い弟妹を背負って通う生徒が多くいたた
めに，弟妹を世話する「幼稚児保護事業」も開始し，兄姉に連れられてきた幼
い子どもたちに間食も与えて保育をした。1908（明治 41）年にこの保育部門を
「守孤扶独幼稚児保護会」と改名し，地域一般の女性にも保育を開放した。こ
れが，日本の託児所・保育事業の始まりとされている。「守孤」は保育環境に
恵まれない孤独環境にある子どもを守り，「扶独」は両親が力を合わせること
ができないひとり親を扶（たす）けるということを意味している。

　同じく 1890（明治 23）年に鳥取県でも，公共事業家である筧雄平が，下味
野にある寺を修築して玩具を準備し，農繁期託児所（季節保育所）として「下

味野子供預り所」を開設した。これが日本における，季節保育所の最初のものである。農村地域では政府の農業政策の後押しがあり，第二次世界大戦中は季節保育所が2万か所あったといわれている。

## （2）都市部における貧困問題と保育施設・託児所の設立

　日本での産業革命は，日清戦争（1894・明治27年）日露戦争（1904〔明治37〕年）を通して進行していったが，産業構造の変化にともなって都会では女性労働者の確保が必須となっていった。幼児を抱えた女性も労働力として必要とされたため，1894（明治27）年に東京紡績株式会社，1902（明治35）年に東京鐘ヶ淵紡績株式会社，1906（明治39）年に福島県三井田川工業所などの大きな工場では，工場内に託児所が作られるようになっていった。

　明治後期になるとますます貧富の差が広がり，都市ではスラム化する地域が増えて社会問題となっていた。そのような中で，華族女学校附属幼稚園に勤務していた野口幽香と森島峰は，通勤途中で見かけた東京麹町のスラム街の子どもたちにも華族幼稚園の子どもと同じように保育がしたいと考え，1900（明治33）年に二葉幼稚園（1915〔大正4〕年に二葉保育園と改称）を開設し，母親が働いている間に子どもたちを預かり，時には朝7時から夜遅くまで保育をした。

　大正期になると都市の貧困問題はさらに深刻になり，両親とも働かなくてはならない家庭が増えたため，民間の手で次々と託児所・保育所が作られていった。公立の託児所が設置されるまでには，大阪で1919〔大正8〕年，京都では翌大正9年，東京では大正10年まで待たなくてはならなかった。乳幼児の保護救済が社会的に求められるようになり，公立託児所は1926（大正15）年に65か所となり，世界大恐慌や東北の大凶作の影響を受け「救護法」が制定された1929（昭和4）年には，公立の託児所の数は100か所に増えた。

　「人は子どもというものを知らない。」これはルソー『エミール』（1762年）の序文にある言葉だ。あなたはこの言葉を，「昔の哲学者の言葉」として簡単に捨て去ることができるだろうか。「人は」を，「大人は」「教師は」あるいは「私は」と置き換えてみてはどうだろうか。だれもが経験した「子ども」という

時を，大人はいつも理解できない。この「不可思議な存在である子ども」を育むことを仕事としようと思うあなたにとって，これまでの歴史の中で子どもと向き合ってきた数多くの教育者の実践は，子どもと向き合うときに勇気と知識を与えてくれるはずだ。時代によって「子ども観」や「教育観」が変わってきたように，子どもと向き合うときに絶対的な正解はない。安易な「正解」を求めず，困ったときは先人たちの声に耳を傾けてほしい。

### ▌ この章の小課題

1．18世紀以降のヨーロッパにおける「子ども観」の変遷を調べてみよう。
2．日本における，幼稚園と保育所の成立の違いを明らかにしよう。
3．日本の保育が，フレーベル教条主義から，子どもに即した保育へ変革した過程をまとめよう。

# 保育の仕事は「やりがいがある」けれども

　筆者は，教員になってから多くの卒業生を保育者として送り出してきました。卒業した学生は，今でも保育の現場でバリバリ仕事をしている者や，すでに主任や園長となっている者も多くいます。その一方で，保育の仕事を早々に辞めてしまい，別の途へ進む人も数多く存在しています。

　保育者の中には，時には保育の仕事を「辞めたい」と考える人もいると思います。その理由について考えてみます。

**保育の仕事を辞めた理由について**

　現在，保育所においては，待機児童が問題になっています。筆者の住む名古屋市周辺でも待機児童を減らそうと新しく保育所を設置したり，家庭的保育を設けたりしています。しかし，待機児童を減らそうにも，設備の増設に加えて，保育士が不足していることが大きな問題となっています。

　なぜ多くの地方では慢性的に保育士が足りないのでしょうか。2015 年の保育士の求人倍率は全国平均 2.18 であり，特に東京都は 5.13 と保育士不足が深刻化しています。退職した保育士を対象にした調査（「保育士ドットコムとほいくみーの共同調査」）では，「保育士の仕事にやりがいを感じていましたか？」という質問に対して 9 割以上が「はい」と回答しており，退職してもなお，保育士の仕事にやりがいを感じていたことがわかっています。それではなぜ，辞めてしまったのでしょうか。

　筆者が過去に実施した卒業生の動向調査においては，就職後 5 年以内に退職している者は約 6 割となっていました。卒業生（保育者）が退職した理由について調べると，一番の理由は「給与への不満」が約 6 割と最も多く，その次に，「業務量や残業の多さ」，さらに「職場の人間関係」「プライベートの両立」が 4 割近くと続いています。分析の結果からは，いくつかの要因が重なって退職したことが推測されました。

　政府の調査（2015 年）の調査によると，保育士の平均月給は 26 万 8000 円であり，全産業の女性労働者の平均月給 31 万 1000 円よりも 4 万円以上低い

と指摘されています。これに対して，政府は保育士の給与の引き上げをすることで人材確保を目指していますが，効果はあるかは，まだわかりません。

　保育者が退職した理由をきちんと把握すること。その上で，退職した保育者を復職させるためにはどのようなことが大切かを考えて改善していくことが求められています。

### 潜在保育士とその復帰を目指して

　保育士資格や幼稚園教諭の免許を持っていても，別の仕事についていたり，保育の仕事を退職するなどしたりした人は潜在保育士と呼ばれます。厚生労働省の推計（2013年）では潜在保育士の数は全国に60万人以上いると言われています。

　そもそも潜在保育士が復職しない理由とは何でしょうか。先の調査では，約8割に人たちが「今後，保育士として復帰したくない」と答えています。その理由は退職時の理由にもつながっていて，「給与が安い」こと「業務量の多さ」などが挙げられています。

　それでは，潜在保育士の皆さんが，今後，保育士に復職するためにはどんな条件が必要でしょうか。調査では，「保育士として復職するためには何が必要か？」という質問に対して，給与のアップが9割，休日や有休取得の増加が7割，事務作業の効率化，削減が6割などとして挙げられています。これらは，改善が一番難しい面でもあります。実施可能な潜在保育士の復職への解決策を考えてみると，たとえば，長期のブランクのある潜在保育士に対しては，各種の研修会を開き，現場への復帰をスムーズに行くように援助することが考えられます。さらに，日本の保育所はサービスをしすぎであるという意見もあります。「給与が安く，残業が多いのにもかかわらず，行事で使う飾りや製作物などを何時間もかけて作る作業」や「保護者が感じる手厚いサービスや手の込んだ行事」など保育に熱心なほど，ストレスを感じる保育者もいるでしょう。

　ある外国の保育園を経営する人が日本の園を見学した時に「なぜ，日々の記録で当たり前のことまで書く必要があるのですか。無駄と思います」と疑問に感じたといいます。日本の保育者は優秀で，子どもへの保育，保護者への対応も優れていると思われます。しかし，労働環境が改善しないままで過剰なサービス，業務負担が強いられていることを考えると，もう少し力を抜いて保育の仕事をすることも必要ではないかと考えてしまうこともあります。

# 保育の現状と課題

◆この章で学ぶポイント◆

1．外国人の子どもの保育を行う上での保育所の役割について学ぼう。
2．多文化共生への理解を深めよう。
3．諸外国の保育制度について知ろう。

## 第1節　外国人児童の保育の現状

### 1．日本で暮らす外国の子どもたち

　国際化にともない，特別永住者の人や，労働を目的としたいわゆるニューカマーの一般入国者の人，国際結婚をした人等，日本に住む外国人が増え，さまざまな文化を背景にもつ子どもたちが日本で暮らしている。

　法務省（2020）によると，在留外国人の総数は，293 万 3,137 人（2019 ［令和元］年末）である。日本総人口約 61 億 2,616 万人（2019 ［令和元］年 10 月：総務省統計局，2019）の 2.32％で，約 43 人に 1 人が外国人にあたる。都道府県別にみると，最も多いのは，東京都 59 万 3,458 人，次に愛知県 28 万 1,153 人，そして大阪府 25 万 5,894 人，神奈川県 23 万 5,233 人である。0 歳〜6 歳の総数は 16 万 2,037 人で，主な国籍別にみると，中国 6 万 354 人，台湾 4,340 人，韓国・朝鮮 1 万 389 人，フィリピン 13,438 人，ベトナム 10,769 人ブラジル 1 万 5,210 人である。

　外国人の子どもたちの多くは保育施設に通っているが，中小企業の多い地方都市や外国人の子どもの保育に蓄積ある保育園への集中化傾向と，外国人そのものが地方都市に分散する傾向が同時に進行していることから，外国人の子どもが少数の保育施設が増える中で，外国人の子どもが集中する保育施設も増えており両極化がみられる。

　外国人の子どもも含めたすべての子どもの最善の利益のために，これからの保育者は，国際感覚を身につけ，グローバルな視点で保育をとらえる必要がある。

## ２．日本人の多様化

　日本社会は，世界と比べると，長い歴史に渡り，かなり同質の文化をもった人々が集住している島国である。しかし，日本で生まれ育ち，日本国籍を有しているからといって，日本語が母語であるとは限らない。たとえば，日本国籍を含む重国籍の場合や，保護者の国際結婚により家庭内言語が日本語以外の場合などもある。21世紀の今，「日本人」「外国人」といった単純な線引きは難しく，日本人も多様化しているといえる。

## ３．外国の子どもの受け入れ

　外国人の子どもたちは，日本でどのように暮らしているのだろうか。多くの外国人は就労を求めて日本にきており，夫婦共働きが多く，その子どもである外国人の子どもたちは保育所に預けられているケースが多い。保育者が，外国人の親子と関わる際には，どのようなことに配慮する必要があるだろうか。

　（1）言葉やコミュニケーションについて，（2）食文化の違い，（3）生活習慣・文化の違い，（4）就学について，この4つの視点から考えてみよう。

### （1）言葉やコミュニケーションについて

　保育者が園で困っていることとして，コミュニケーション・言葉の問題があげられる。特に，両親ともに外国人の場合など，日本語が通じない場合には，園の説明などの保護者対応がより難しくなる。重要な話をする際には，通訳などを介して話すことが必要となることもあるが，その際には，保育者，外国人の保護者，通訳の三者が一堂に会して話をすることが望ましい。通訳に任せき

ってしまうのではなく，言葉は通じなくとも，表情などから保護者の気持ちを読み取り，積極的にコミュニケーションをとることで，保護者との信頼関係を築いていくことができる。日本語がいくらかわかる保護者に対しても，相手が理解できたか丁寧に確認する必要がある。たとえば，園への持ち物を伝える際には，その物を見せるなど，視覚的にわかりやすく伝えるなどの工夫が必要となる。

　また，日本語の話せない外国人の子どもに対しては，言葉のいらない遊びを取り入れるなどの工夫をするなどして，子どもが安心して園生活を送れるように支援する必要がある。

　他には，中国語，ポルトガル語，フィリピン語，英語などの外国語に翻訳された「入園のしおり」を用意する，園便りを翻訳し配布する，保育に必要な単語集や，多言語音声翻訳アプリ等を活用するなどの方法もある。

## （2）食文化の違い

　食文化の違いにより，外国人の子どもが給食に慣れるまでに時間を要する場合もある。乳児の場合にも，ミルクや離乳食の与える時期に違いがある等，国によって考え方にも違いがある。また，お弁当を1つとってみても，お弁当の中身はどのような物を入れるべきなのか，水筒には何を入れてくるべきかなど，日本では当たり前のことも1つひとつ外国人の保護者に確認しなければならない場合もある。その際，大切なことは，外国人の親子に一方的に押しつけるのではなく，互いに歩み寄ることである。たとえば，お茶を飲むという習慣のない国の場合，水筒にジュースをいれる外国人の保護者もいるかもしれない。お茶でなければいけないのか，白湯でもよいのか，なぜジュースを持って来てはいけないのか。細かいことにも1つひとつ向き合っていくことが重要となる。

　その他には，宗教上の理由による除去食の提供や，食べやすいように具材を小さく切るなどの工夫をしている園もある。

## （3）生活習慣・文化の違い

　生活習慣・文化が，日本のものと違うこともあることを保育者は知る必要がある。たとえば，薄着保育は，日本では，風邪から子どもたちを守るために行

うが，外国人の保護者の中には，風邪から子どもたちを守るために厚着をさせてほしいという場合もある。時間の感覚も，国によって異なる場合があり，外国人の保護者を時間にルーズだと感じてしまう場合もあるかもしれない。

　ここでも重要なことは，相手の生活習慣を知り，文化を理解・尊重するとともに，日本の生活習慣や文化についても知ってもらうなど，お互いが理解し合っていくことである。

### （4）就学について

　日本の保育施設で保育を受けた外国人の子どもたちの多くは，日本の公立小学校へ就学する。そこで，国際教室や日本語指導教室を設け，取り出し指導や補充的な指導，チーム・ティーチングによる指導など特別な指導形態を交えながら適応指導や日本語指導を行っている学校も多い。しかし，外国人児童の不就学も問題となっているため，小学校や関連機関と連携し，小学校への移行を円滑に行うことが求められている。その際，保育者は，保育が小学校教育の前倒しにならないようにその方法には十分配慮する必要がある。

　また，外国人保護者の中には，将来的に母国への帰国や，母国の教育を大切にしたいという思いから，朝鮮学校や，在日ブラジル人学校等への就学を選択する場合もある[*1]。また，インターナショナル・スクールへ進む場合もある。インターナショナル・スクールには，アメリカや，韓国などアジア系の滞日外国人も多く通っている。このように，外国人の子どもたちの就学にはさまざまな選択肢がある。これら学校施設との連携も課題となっている。これに対し，外国人の保護者を対象とした就学説明会を開くなどの工夫をしている園もある。

## 第2節　多文化共生の保育の課題

　第1節では，外国の子どもの保育に焦点を当てたが，第2節では，日本の子どもも含めた「多文化共生の保育」について学ぶ。日本の子どもたちにとっても，異なる文化の発見と違いを楽しむ保育環境が必要である。

---

　＊1　ブラジル教育省の認可がある在日ブラジル人学校は，愛知，岐阜，群馬，茨城，三重，長野，埼玉，静岡，栃木，山梨県にある。小学校と中学校にあたるものや，高校に相当するものもある。

　なお,「異文化理解」や「多文化保育」など,さまざまな表現がされているが,ここでは多様な文化が存在する中で,共に生きる共生を目指す保育という意味で「多文化共生保育」という言葉を用いる。

## １. 多文化共生の保育とは

### （１）保育所保育指針にみられる多文化共生の保育

　保育所保育指針には,多文化共生の保育に関する内容が２か所でふれられている。それに対する保育所保育指針解説書の解説文を以下に載せる。

---

保育の実施に関して留意すべき事項

保育全般に関わる配慮事項

「子どもの国籍や文化の違いを認め,互いに尊重する心を育てるようにすること。」

［解説］

　保育所では,外国籍の子どもをはじめ,様々な文化を背景にもつ子どもが共に生活している。保育士等はそれぞれの文化の多様性を尊重し,多文化共生の保育を進めていくことが求められる。

　例えば,外国籍の保護者に自国の文化に関する話をしてもらったり,遊びや料理を紹介してもらったりするなど,保育において子どもや保護者が異なる文化に触れる機会をつくるといったことが考えられる。文化の多様性に気付き,興味や関心を高めていくことができるよう,子ども同士の関わりを見守りながら,適切に援助していく。その際,外国籍の子どもの文化だけでなく,宗教や生活習慣など,どの家庭にもあるそれぞれの文化を尊重することが必要である。

　保育士等は,自らの感性や価値観を振り返りながら,子どもや家庭の多様性を十分に認識し,それらを積極的に認め,互いに尊重し合える雰囲気をつくり出すことに努めることが求められる。

---

　ここでは,「それぞれの文化を尊重」し,「違いを認め」,子どもも保育者も積極的にいろいろな文化や国の人と関わることが強調されている。そのための具体的な方法として,保護者に自国の文化に関する話をしてもらったり,遊びや料理を紹介してもらったりすることなどが紹介されている。

---

保育所を利用している保護者に対する子育て支援

保護者の状況に配慮した個別の支援

「外国籍家庭など,特別な配慮を必要とする家庭の場合には,状況等に応じて個別の支援を行うよう努めること。」

［解説］

　外国籍家庭や外国にルーツをもつ家庭,ひとり親家庭,貧困家庭等,特別な配慮を必要とする家庭では,社会的困難を抱えている場合も多い。例えば,日本語によるコミュ

---

ニケーションがとりにくいこと，文化や習慣が異なること，家庭での育児を他に頼ることができないこと，生活が困窮していることなど，その問題も複雑化，多様化している。また，多胎児，低出生体重児，慢性疾患のある子どもの場合，保護者は子育てに困難や不安，負担感を抱きやすい状況にあり，子どもの生育歴や各家庭の状況に応じた支援が必要となる。

　こうした様々な問題に不安を感じている保護者は，その悩みを他者に伝えることができず，問題を抱え込む場合もある。保育士等は保護者の不安感に気付くことができるよう，送迎時における丁寧な関わりの中で，家庭の状況や問題を把握する必要がある。子どもの発達や行動の特徴，保育所での生活の様子を伝えるなどして子どもの状況を保護者と共有するとともに，保護者の意向や思いを理解した上で，必要に応じて市町村等の関係機関やかかりつけ医と連携するなど，社会資源を生かしながら個別の支援を行う必要がある。

　このように，外国籍家庭や外国にルーツをもつ家庭等のそれぞれの状況に応じて関係機関と連携するなど，個別の支援の必要性について述べられている。

## （2）幼稚園教育要領にみられる多文化共生の保育

　幼稚園教育要領には，「特別な配慮を必要とする幼児への指導」に多文化共生の保育に関する内容が掲載されているため，解説書を以下に引用する。

---

特別な配慮を必要とする幼児への指導
海外から帰国した幼児や生活に必要な日本語の習得に困難のある幼児の幼稚園生活への適応
「海外から帰国した幼児や生活に必要な日本語の習得に困難のある幼児については，安心して自己を発揮できるよう配慮するなど個々の幼児の実態に応じ，指導内容や指導方法の工夫を組織的かつ計画的に行うものとする。」
［解説］
　国際化の進展に伴い，幼稚園においては海外から帰国した幼児や外国人幼児に加え，両親が国際結婚であるなどのいわゆる外国につながる幼児が在園することもある。
　これらの幼児の多くは，異文化における生活経験等を通して，我が国の社会とは異なる言語や生活習慣，行動様式に親しんでいるため，一人一人の実態は，その在留国や母国の言語的・文化的背景，滞在期間，年齢，就園経験の有無，さらには家庭の教育方針などによって様々である。また，これらの幼児の中には生活に必要な日本語の習得に困難のある幼児もいる。
　そのため，一人一人の実態を的確に把握し，指導内容や指導方法の工夫を組織的かつ計画的に行うとともに，全教員で共通理解を深め，幼児や保護者と関わる体制を整えることが必要である。
　こうした幼児については，まず教師自身が，当該幼児が暮らしていた国の生活などに関心をもち，理解しようとする姿勢を保ち，一人一人の幼児の実情を把握すること，その上で，その幼児が教師によって受け入れられ，見守られているという安心感をもち，

---

次第に自己を発揮できるよう配慮することが重要である。そのため，教師はスキンシップをとりながら幼児の安心感につなげる関わり方をしたり，挨拶や簡単な言葉掛けの中に母語を使ってみたりしながら信頼関係を築き，幼児が思ったことを言ったり気持ちを表出したりできるよう努めることが重要である。

　また，教師や他の幼児との温かい触れ合いの中で，自然に日本語に触れたり，日本の生活習慣に触れたりすることができるように配慮することも大切である。

　さらに，幼児が日本の生活や幼稚園生活に慣れていくよう，家庭との連携を図ることも大切である。保護者は自身が経験した幼稚園のイメージをもっているため，丁寧に園生活や園の方針を説明したりすることなどが必要である。

　様々な背景をもった幼児が生活を共にすることは，異なる習慣や行動様式をもった他の幼児と関わり，それを認め合う貴重な経験につながる。そのことは，幼児が一人一人の違いに気付き，それを受け入れたり，自他の存在について考えたりするよい機会にもなり得る。こうした積極的な意義を有する一方，幼児期は，外見など自分にとって分かりやすい面にとらわれたり，相手の気持ちに構わずに感じたことを言ったりする傾向も見受けられる。教師は，そうした感情を受け止めつつも，一人一人がかけがえのない存在であるということに気付くよう促していきたい。

　ここでも同様に，積極的に異文化と関わる姿勢の大切さについて述べられている。また，組織的かつ計画的に指導する体制を整える必要性や，家庭との連携の重要性についてもふれられている。

　次に，以上のような内容を実践するために工夫した事例をみてみよう。

## 2．多文化共生の保育の工夫例

〈工夫例 1 〉絵本の翻訳

　保育室にさまざまな国の絵本を置き，また，保育室には絵本の翻訳カードを用意する。外国語を母語とする子どもは，本の貸し出しの際，自国の翻訳つき絵本を持ち帰ることができる。

〈工夫例 2 〉掲示物

　さまざまな国の言葉で玄関や廊下に掲示する。また，子どもの園での様子がわかる写真を掲示し，外国人の保護者にも見てわかりやすいようにする。

〈工夫例 3 〉外国の文化・食べ物の紹介

　世界の国旗の展示や，世界の食べ物コーナー，踊りの体験など，外国の文化や食べ物を体験できるようにする。

〈工夫例 4 〉さまざまな肌色の人形

　ごっこ遊びコーナーに，肌の色の違う人形を複数用意する。

図9-1　肌の色の違う人形

〈工夫例5〉外国の遊び

　　外国の手遊び，歌を取り入れる。誕生日会には，日本語と外国語で歌を歌い祝う。

　以上の工夫は，多文化共生における保育の一例であり，実際には，日本の保育の中で，その地方で暮らす外国籍の子どもにあった生活習慣や文化，言葉で保育者が試行錯誤していくことが大切である。また，このような環境構成の工夫は，外国の子どもの有無にかかわらず，日常の中で当たり前のこととして，行われる必要がある。

　そのためには，保育者自身が，海外での保育の現状について，さまざまな機会を通して学びを深めるとよい。さらには，自ら海外へ出かけ，見聞きしたり，体験することで多文化共生保育のあり方に気づき，工夫していく姿勢も大切であろう。

## 第3節　諸外国の保育の現状

　諸外国において就学前教育および保育に関する政策は，女性の労働市場への参加拡大と並行して進められてきた。就学前教育が重視されるようになったことで，国によっては，義務教育の開始年齢の引き下げ，就学前教育の無償化，すべての子どもに対する就学前教育と保育の提供，就学前教育と保育との一体型プログラムの策定などの措置をとる動きがみられる。

　本節では，地域の異なる5か国，アメリカ，フランス（ヨーロッパ），スウェ

ーデン（北欧），韓国（アジア），ニュージーランド（オセアニア）を選んで，その保育制度を取り上げることにする。世界の保育理念や方法は，「就学準備型」（英・米・仏）と「生活基盤型」（北欧，ニュージーランド）に分類される。

## 1．アメリカ

　アメリカ合衆国は，人口約3億3,100万人（2020年現在；国際連合統計局，2021），50の州からなり，多民族国家である。各州が独自に保育制度を定めており，地域による差異も大きい。民間の家庭的保育，チャイルドケア，幼児教育施設や，公立の幼稚園などがあり，0～6歳の子どもが通っている。

　貧困家庭の子どもたちを対象にした就学前の準備機会を提供する保育施設として，「ヘッドスタート」および「アーリーヘッドスタート」がある。0～5歳の貧困家庭出身の子どもたちを対象に，基礎的な読み書きの学習，数量的思考能力や言語能力への働きかけ，体力強化のための運動が含まれ，情緒の安定や学習意欲の向上など，精神的なケアも提供している。

## 2．フランス

　フランス共和国は，面積約54万平方キロメートル，人口約6,527万人（2020年現在；国際連合統計局，2021），合計特殊出生率1.87（2019年現在）[*2]と，先進国の中で高い出生率として注目されている。子育て支援の柱は，①休暇制度，②子育て費用の補償制度，③多様な受け入れサービスの整備である。義務教育は6歳からだが，3歳以上のすべての幼児に無償の就学前教育が保障されており，地域によっては2歳児の就学も認められている。3～6歳の100%近くが，幼児学校で無償の教育を受けている。幼児学校は初等学校の一部で，教諭は小学校教諭と同じ資格で，学校教育の初歩段階といえる。3歳未満児には，家庭の生活形態に合わせた多種類の保育が用意されている。

## 3．スウェーデン

　スウェーデン王国は，面積約45万平方キロメートル（日本の約1.2倍），人

---

＊2　INSEE（フランス国立統計経済研究所）https://www.insee.fr/en/statistiques/2382605?sommaire=2382613
（2021年1月19日閲覧）

口約 1,010 万人（2020 年現在；国際連合統計局，2021），福祉国家，男女平等の国として有名である。保育制度が男女平等社会の実現を目指す家族福祉政策の一環として整備されている。労働力率が男女ともに 70％以上を占めているにもかかわらず，1 歳を過ぎるまでは家庭で育てられ，有給の育児休業制度*3 や児童手当制度*4 などにより，どの子どもにも安定した家庭生活が過ごせるよう保障されている。

　スウェーデンでは 1 ～ 6 歳の乳幼児対象の所轄は教育科学省に統一されている。保育所と幼稚園の区別は 1998 年に学校法によって取り払われた。1 ～ 5 歳児対象の就学前学校事業には，「就学前学校」「教育的保育」「オープン保育」の 3 つがある。「就学前学校」のクラス（グループ）編成は，異年齢が一般的で，開所時間は一般的には朝 7 時から夕方 6 時までとされている。

　6 歳児対象には，「就学前クラス」があり，義務教育ではないが，ほとんどの 6 歳児が参加している。ゼロ学年ともいわれ，7 歳児から始まる義務教育への橋渡しの期間ともいえる。

## 4．ニュージーランド

　ニュージーランドは，面積約 27 万平方キロメートル（日本の約 7 割），人口約 482 万人（2020 年現在；国際連合統計局，2021）の島国，ヨーロッパ系民族をはじめとして，マオリ，太平洋島嶼系民族，アジア系移民といった多様な民族から構成される多民族国家である。主要言語は英語だが，マオリ語，ニュージーランド手話も公用語として認められている。就学前教育と保育が統合され，教育省が管轄する。1996 年統一カリキュラム「テファリキ（Te whariki）」が制定された。テファリキは，従来型のカリキュラムである「子どもが何かできる」ことを目指すのではなく，包括的で理念的なカリキュラムとなっている。さまざまな就学前教育がみられるが，教員が教育または保育を行うサービス（私立保育園やプリスクール，公立幼稚園，家庭託児所）と，保護者が教育・保

---

＊3　子どもが生まれると，両親には合計 480 日間の育児休業を取得することができる。期間中の収入は両親保険制度により保障されており，390 日間は給与の 80％，残りの 90 日間は 1 日 180 クローナ＝約 2,520 円（2016 年 11 月現在，1 クローナ約 14 円）が支給される。

＊4　16 歳未満の子をもつすべての親に，所得に関係なく第一子から支給される。第一子 1,050 クローナ＝約 14,700 円，多子加算があり，子ども 2 人の場合は合計 2,250 クローナが支給される。

育を行うサービス（プレイセンター，コハンガレオ，プレイグループ）に分けられる。ニュージーランドでは，すべての国民（留学生を除く）が5歳の誕生日から無償で公立学校において教育を受けることが保障されている。義務教育は6歳からだが，5歳の誕生日を過ぎれば学校に入学することができる。

## 5．韓国

　大韓民国は，面積約10万平方キロメートル，人口約5,127万人（2020年現在；国際連合統計局，2021）の幼保二元化制度をとっている。

　幼稚園は学校の一種で，教育管轄のもと，公立幼稚園と私立幼稚園があり，満3歳から就学までの子どもを対象としている。保育施設（オリニジップ）は，保健福祉が管轄し，乳児から就学までの子どもを対象としている。韓国では，深刻な少子化問題や保育施設の待機児童問題など，日本と同様の課題に直面している。教育制度は小学校（6年）と中学校（3年）の計9年の義務教育制度である。

　このように諸外国の保育の現状は，日本と異なる部分も多くあり，それは，その国のもつ文化や生活，歴史的背景やアイデンティティを元に成り立つものでもある。そのため，社会的背景の異なる日本で，これらの国々の特色ある保育を直接，取り込むことはけっして良い結果を生むとはいえない。しかし，日本で当たり前とされてきた保育を見直したり，日本の風土に合わせて，海外の保育の良さを工夫しながら取り入れることで，よりよい保育の実践へとつながることが考えられよう。

### ■ この章の小課題 ■■■■■■■■■■■■■■■■■■■■■■■■■■■■

1．外国人の子どもを保育する上で何に配慮することが必要だろうか。
2．多文化共生保育とはどのような保育だろうか。
3．諸外国の保育をいくつか紹介してみよう。

# 日本の保育と海外の保育

　日本の保育は，海外でも高い評価を受けていると聞くことがあります。その反面，実際に日本で保育者として働く人たちからは，厳しい労働条件で，必ずしも恵まれた職場環境ではないと指摘する声もあります。筆者のいる短大の専攻科では，多くの学生が9か月近く，オーストラリア（ゴールドコースト）で海外研修に出かけて，現地の専門学校で保育を学ぶと同時に，保育施設でおよそ45日間の実習を体験してきます。

　筆者自身が，オーストラリアへ短期に訪問した経験や，学生から伺った話の中から，感じたことをいくつか紹介させていただきます。

### 保育の計画がそれほど重視されていない

　あくまで学生からの報告ですが，あまり月案や日案等に沿って保育をしているようには感じなかったようです。たとえば，その日の初めに「今日は何をして遊びましょうか」と担任の先生が子どもたちに聞いて，提案したことをその日の保育のメインの活動にしたりなどすることがよくあるそうです。子ども主体の保育とも言えます。日本の保育のほうが計画と記録を重視している傾向にあるかもしれません。

### 食べ残しも気にしない

　もともと自宅から食事（日本のお弁当）を持参するところが多いそうですが，その食事を食べ残しても注意する光景をほとんど見なかったそうです。また，食べ残したバナナをそのままポイと保育者がゴミ箱へ捨ててしまったときは，学生が驚いたそうです。確かに，残した物は捨てるしかないですが……。一方，多くの保育施設には大型の冷蔵庫があって，そこに子どもたちが持参した食事を保存するというのは，日本にはない配慮と感心したそうです。

### ピアノの弾き歌いや絵本の読み聞かせ

　学生が実習していた保育施設ではピアノの弾き歌いはしませんし，そもそもピアノが部屋にない状態でした。保育を学ぶ専門学校でも，合唱はしても，

弾き歌いの勉強はしなかったそうです。保育でダンスをしたり歌う時は音楽をCDで流すか，タブレットの動画を見せるなどしていました。

　絵本の読み聞かせも少し変わっていました。ほとんど保育者が読み聞かせをしないクラスもあれば，子どもたちが自由に自分で読むだけのところも多いそうです。また読み聞かせの際も，子どもたちは寝転んだり，よそ見をしていても気にしません。日本の保育のようにみんなきちんと並んで，しっかり聞いているような感じではないそうです。子どもたちが一人ひとりくつろいだ雰囲気で読み聞かせがされている風景が思い浮かびました。

### 園庭と園外保育について

　これは筆者自身がオーストラリアでの1週間ほど滞在して保育施設を訪問した時に気づいた点です。訪問した施設の園庭は狭く，年齢毎に仕切りがされて交流ができないようになっていました。大きな子が小さな子と遊ぶと危険との配慮からそうしていると伺いました。また，園外保育は，危険なために通常はしないそうです。どうしても実施する場合は，保護者の許可を取るそうです。日本のように天気のよい日は乳母車で園外保育というわけにはいかないようです。ちなみに，見学した保育施設周辺は自然に囲まれており，訪問した前日は，園庭からコアラが木にいるのを見つけたとのことでした。

### あちこちに掲示されている保護者向けのメッセージ

　保護者への園だよりとか，お便り帳とかは，学生の知る限りはないとのことでした。その代わりに，教室の壁面や廊下に今週の保育の予定や記録などが掲示されていました。また，筆者が来訪した施設では，タブレットで保育の場面を撮影しており，それを帰り際に保護者の方が見ているなどして情報を伝えていました。

　以上，あくまで海外研修した学生と筆者のごく限られた保育施設での経験です。オーストラリアは州ごとで保育方法も異なり，一般の保育施設では見られない光景かもしれません。ただ，筆者自身，海外の保育を学ぶことで，日本の保育を見つめ直すきっかけになると思いました。

## 引用・参考文献

●第1章

石川桂司・手島信雅（1990）．　保育原理　近畿大学豊岡短期大学

神奈川県教育委員会（2004）．　子どもの遊びに関する調査

金村美千子（編）（2007）．　保育原理―保育者になるための基本　同文書院

子どもの生活リズム向上指導資料編成委員会（編）（2008）．　早寝早起き朝ごはん―子どもの生活リ
　　　ズム向上ハンドブック　文部科学省

久世妙子他（編）（1994）．　現代の子ども　福村出版

粂　幸男（編）（2003）．　乳児保育　近畿大学豊岡短期大学

総務省統計局（2020）．　統計トピック No. 125　我が国のこどもの数

富山県教育委員会（2004）．　未就学児生活実態調査報告書

上野恭裕（編）（2007）．　新現代保育原理　三晃書房


●第2章

細井房明・野口伐名・木村吉彦（編）（2000）．　保育の本質と計画　学術図書出版社

細井房明・野口伐名・大桃伸一（編）（2010）．　保育の理論と実践　学術図書出版社

内閣府・文部科学省・厚生労働省（2016）．子ども・子育て支援新制度　なるほど BOOK（平成28年
　　　4月改訂版）https://www8.cao.go.jp/shoushi/shinseido/event/publicity/naruhodo_book_2804.
　　　html（2020年8月24日閲覧）

中山　徹（2006）．　幼保総合施設の現状と課題―地域で進める子育て支援のあり方を考える　クォー
　　　タリー生活福祉研究．57号，Vol. 15，No. 1.

民秋　言（編）（2006）．　保育原理―その構造と内容の理解　萌文書林


●第3章

日本保育協会（監）（2018）．　現場に活かす保育所保育指針実践ガイドブック　中央法規

咲間まり子（編）（2016）．　コンパス保育内容総論　建帛社

汐見稔幸（監）（2017）．　イラストたっぷりやさしく読み解く保育所保育指針ハンドブック　学研

民秋　言（編）（2008）．　幼稚園教育要領・保育所保育指針の成立と変遷　萌文書林

立花直樹・安田誠人・波田埜英治（編）（2015）．　保育の質を高める相談援助・相談支援　晃洋書房


●第4章

Baltes, P. B. (1987). Theoretical propositions of life span developmentalpsychology: On the dynamics
　　　between growth and decline. Developmental Psychology, 23, 611-626.　東　洋・柏木惠子・
　　　高橋惠子（編・監訳）（1993）．　生涯発達の心理学（1巻）　新曜社

Erikson, E. H. (1959). Identity and the life cycle. International Universities Press.　小此木啓吾

　　　（訳）（1973）．　自我同一性―アイデンティティとライフサイクル　誠信書房

本郷一夫（編）（2011）．　保育の心理学（Ⅰ・Ⅱ）　建帛社

上越教育大学附属幼稚園（2006）．　なかまとともに　平成18年度上越教育大学研究紀要，3.

柏木惠子（1988）．　幼児期における「自己」の発達　東京大学出版会

岡本依子・菅野幸恵・塚田-城みちる（2004）．　エピソードで学ぶ乳幼児の発達心理学　新曜社


●第5章

厚生労働省（2018）．　保育所保育指針解説　フレーベル館

小笠原圭・植田　明（編）（2003）．　保育の計画と方法　同文書院

民秋　言・狐塚和江・佐藤直之（編）（2013）．　保育内容総論　北大路書房

豊田和子・新井美穂子（編）（2013）．　保育カリキュラム論　建帛社


●第6章

三宅茂夫（編）（2012）．　新・保育原理―すばらしき保育の世界へ―第2版　みらい

大豆生田啓友・渡辺英則・森上史朗（編）（2012）．　保育方法・指導法　ミネルヴァ書房

新保育士養成講座編纂委員会（編）（2012）．　改訂1版新保育士養成講座　第1巻　保育原理　全国社
　　会福祉協議会

民秋　言・河野利律子（編著）（2009）．　新保育ライブラリ　保育原理　北大路書房

民秋　言（編著）（2009）．　新保育所保育指針の展開　建帛社


●第7章

原田正文（2006）．　子育ての変貌と次世代育成支援―兵庫レポートにみる子育て現場と子ども虐待予
　　防―　名古屋大学出版会

こども未来財団（2011）．　子育て中の親の外出等に関するアンケート調査

小池由佳・角張慶子・齋藤　裕（2014）．　乳幼児の保護者における子育て相談の利用について　日本
　　保育学会第67回大会要旨集，834.

厚生労働省（2020）．　令和元年度　児童相談所での児童虐待相談対応件数（速報値）　雇用均等・児
　　童家庭局

内閣府（2020）．　少子化社会対策白書（令和2年版）　日経印刷

渡辺顕一郎（2009）．　子ども家庭福祉の基本と実践　金子書房

山縣文治（2011）．　子ども家庭福祉とソーシャルワーク　ソーシャルワーク学会誌，21.


●第8章

東　基吉（1902）．　幼稚園保育法　目黒甚七

Cantor, P.（May, 2013）．Elizabeth Peabody: America's kindergarten Pioneer. Young Children,
　　92-93.

D. エラスムス（1529）．　中城　進（訳）（1994）．　エラスムスの教育論　二瓶社

F. W. A. フレーベル（1826）．　新井　武（訳）（1964）．　人間の教育（1・2巻）　岩波書店

岩崎次男（編）（1979）．　近代幼児教育史　明治図書

Jarvis, P.（2014）．The McMillan Sisters and the Deptford Welfare Experiment. TYCTYC Reflections Papers. http://tactic.org.uk.

J. A. コメニウス（1633）．藤田輝夫（訳）（1986）．母親学校の指針　玉川大学出版部

J. H. ペスタロッチー（1780）．長田　新（訳）（1976）．隠者の夕暮・シュタンツだより　岩波文庫

J. J. ルソー（1762）．今野一雄（訳）（1972）．エミール（1〜3巻）　岩波文庫

城戸幡太郎（1939）．幼児教育論　賢文館

倉橋惣三（1934）．幼稚園保育法真諦　東洋図書

上笙一郎・山崎朋子（1974）．日本の幼稚園―幼児教育の歴史　理論社

文部省（1979）．幼稚園教育百年史　ひかりのくに

森上史朗（1984）．児童中心主義の保育　教育出版

日本保育学会（編）（1968-1975）．日本幼児保育史（1〜6巻）　フレーベル館

梅根　悟（1985）．世界教育史　光文社

Holley-Whittaker, K. D.（2014）. Women in History of Scots Descent Rachel & Margaret MacMillan.
　　Electric Scotland's Classified Directory. http://www.electricscotland.com


●第9章

法務省（2020）．在留外国人統計　https://www.e-stat.go.jp（2021年1月19日閲覧）

泉　千勢（編著）（2017）．なぜ世界の幼児教育・保育を学ぶのか―子どもの豊かな育ちを保障する
　　ために―　ミネルヴァ書房

国際連合統計局（2021）．国際連合世界統計年鑑2020　Vol. 63　原書房

文部科学省（2016）．諸外国の初等中等教育　明石書店

OECD（編）（2011）．OECD保育白書　人生の始まりこそ力強く―乳幼児期の教育とケア（ECEC）
　　の国際比較―　明石書店

咲間まり子（監修）（2020）．保育者のための外国人保護者支援の本　かもがわ出版

総務省統計局（2019）．人口推計の結果の概要　http://www.stat.go.jp/data/jinsui/2.htm（2021年1
　　月19日閲覧）

# 索 引

173

●執筆者一覧（執筆順）

| | | |
|---|---|---|
| 吉見　昌弘 | 編者 | 第1章，Column 1～9 |
| 斎藤　裕 | 編者 | 第2章 |
| 堀　建治 | 愛知東邦大学教育学部子ども発達学科 | 第3章 |
| 角張　慶子 | 新潟県立大学人間生活学部子ども学科 | 第4章 |
| 神谷妃登美 | 元　名古屋短期大学保育科 | 第5章 |
| 芳賀亜希子 | 浜松学院大学短期大学部幼児教育学科 | 第6章 |
| 小池　由佳 | 新潟県立大学人間生活学部子ども学科 | 第7章 |
| 南　元子 | 金城学院大学人間科学部現代子ども教育学科 | 第8章 |
| 榊原菜々枝 | 名古屋文化学園保育専門学校 | 第9章 |

## 【編者紹介】

**吉見昌弘**（よしみ・まさひろ）
2006 年　名古屋市立大学大学院人間文化研究科人間文化専攻博士後期課程修了
現　在　名古屋短期大学保育科教授　博士（人間文化）
主著・論文
　　　　家族援助論（共著）　学芸図書株式会社　2007 年
　　　　新・保育原理—すばらしき保育の世界へ（共著）　みらい　2009 年
　　　　保育内容　言葉（新 保育ライブラリ）（共著）　北大路書房　2009 年
　　　　大学を拠点とした複合型子育て支援システムの構築—学生による情報誌作成から地
　　　　　　域における実践活動を通して　名古屋短期大学研究紀要　第 51 号，1-15.

**斎藤　裕**（さいとう・ゆたか）
1989 年　東北大学大学院教育学研究科博士後期課程単位取得満了
現　在　新潟県立大学人間生活学部子ども学科教授　修士（教育学）
主著・論文
　　　　保育の理論と実践（共著）学術図書出版社　2010 年
　　　　新たな時代の道徳教育（共著）八千代出版　2012 年
　　　　教材における「ルールの明示化」が学習者に与える影響　人間生活学研究　第 5 号，
　　　　　　83-94. 新潟人間生活学会
　　　　地域子育て支援拠点事業利用保護者を対象とした保育意識調査（共著）　人間生活
　　　　　　学研究　第 6 号，27-39. 新潟人間生活学会
　　　　地域子育て支援サービスの利用状況及び課題に関する研究—子育て相談の利用に関
　　　　　　する調査から（共著）　人間生活学研究　第 7 号，11-19. 新潟人間生活学会
　　　　幼児の誤信念理解に及ぼす意味のある文脈の影響　人間生活学研究　第 11 号，37-
　　　　　　44. 新潟人間生活学会

# はじめて学ぶ保育原理 ［新版］

2021 年 3 月 15 日　初版第 1 刷印刷
2021 年 3 月 31 日　初版第 1 刷発行

定価はカバーに表示
してあります。

編著者　吉　見　昌　弘
　　　　斎　藤　　　裕
発行所　　（株）北大路書房
〒603-8303　京都市北区紫野十二坊町 12-8
　　　　　電　話　（075）431-0361（代）
　　　　　F A X　（075）431-0361
　　　　　振　替　01050-4-2083

Ⓒ2021　　　　　　　印刷／製本　創栄図書印刷㈱